AF557272

»UNTER DEM TANNENBAUM«
Geschichten zur Weihnacht

Herausgegeben von Matthias Reiner
Illustriert von Selda Marlin Soganci
Insel Verlag

Insel-Bücherei Nr. 2528
Sonderausgabe 2024

»UNTER DEM TANNENBAUM«

Geschichten zur Weihnacht

THEODOR STORM

Unter dem Tannenbaum

EINE DÄMMERSTUNDE

Es war das Arbeitszimmer eines Beamten. Der Eigentümer, ein Mann in den Vierzigern, mit scharf ausgeprägten Gesichtszügen, aber milden, lichtblauen Augen unter dem schlichten, hellblonden Haar, saß an einem mit Büchern und Papieren bedeckten Schreibtisch, damit beschäftigt, einzelne Schriftstücke zu unterzeichnen, welche der danebenstehende alte Amtsbote ihm überreichte. Die Nachmittagssonne des Dezembers beleuchtete eben mit ihrem letzten Strahl das große schwarze Tintenfaß, in das er dann und wann die Feder tauchte. Endlich war alles unterschrieben.

»Haben Herr Amtsrichter sonst noch etwas?« fragte der Bote, indem er die Papiere zusammenlegte.

»Nein, ich danke Ihnen.«

»So habe ich die Ehre, vergnügte Weihnachten zu wünschen.«

»Auch Ihnen, lieber Erdmann.«

Der Bote sprach einen der mitteldeutschen Dialekte; in dem Tone des Amtsrichters war etwas von der Härte jenes nördlichsten deutschen Volksstammes, der vor wenigen Jahren, und diesmal vergeblich, in einem seiner alten Kämpfe mit dem fremden Nachbarvolke geblutet hatte. – Als sein Untergebener sich entfernte, nahm er unter den Papieren einen angefangenen Brief hervor und schrieb langsam daran weiter.

Die Schatten im Zimmer fielen immer tiefer. Er sah nicht die schlanke Frauengestalt, die hinter ihm mit leisen Schritten durch die Tür getreten war; er bemerkte es erst, als sie den Arm um seine Schulter legte. – Auch ihr Antlitz war nicht mehr jung; aber in ihren Augen war noch jener Ausdruck von Mädchenhaftigkeit, den man bei Frauen, die sich geliebt wissen, auch noch nach der ersten Jugend findet. »Schreibst du an meinen Bruder?« fragte sie, und in ihrer Stimme, nur etwas mehr gemildert, war dieselbe Klangfarbe wie in der ihres Mannes.

Er nickte. »Lies nur selbst!« sagte er, indem er die Feder fortlegte und zu ihr emporsah.

Sie beugte sich über ihn herab; denn es war schon dämmerig geworden. So las sie, langsam, wie er geschrieben hatte:

»Ich bin wieder gesund und arbeitsfähig – glücklicherweise; denn das ist die Not der Fremde, daß man den Boden, worauf man steht, sich in jeder Stunde neu erschaffen muß. So schlecht es immer sein mag, darin habt Ihr es doch gut daheim; und wer wäre nicht gern geblieben, wenn er nur ein Stück Brot und jenes unentbehrliche ›sanfte Ruhekissen‹ des alten Sprichworts sich hätte erhalten können.«

Sie legte schweigend die Hand auf seine Stirn, während er, der ihren Augen gefolgt war, das Blatt umwandte. Dann las sie weiter:

»Der guten und klugen Frau, die Du vorige Weihnachten bei uns hast kennenlernen, bin ich so glücklich gewesen, durch die Vermittlung eines

Vergleichs mit ihrem Gutsnachbarn einen wirklichen Dienst zu leisten; der schöne, so sehr von ihr begehrte Wald ist seit kurzem endlich in ihren Besitz gelangt. Hätten wir morgen für Deinen Freund Harro nur eine Tanne aus diesem Walde! Denn hier ist viele Meilen in die Runde kein Nadelholz zu finden. Was aber ist ein Weihnachtsabend ohne jenen Baum mit seinem Duft voll Wunder und Geheimnis?«

»Aber du«, sagte der Amtsrichter, als seine Frau gelesen hatte, »du bringst in deinen Kleidern den Duft des echten Weihnachtsabends!«

Sie langte lächelnd in den Schlitz ihres Kleides und legte ein großes Stück braunen Weihnachtskuchen vor ihm auf den Tisch. »Sie sind eben vom Bäcker gekommen«, sagte sie, »prob nur; deine Mutter backt sie dir nicht besser!«

Er brach einen Brocken ab und prüfte ihn genau; aber er fand alles, was ihn als Knaben daran entzückt hatte; die Masse war glashart, die eingerollten Stückchen Zucker wohl zergangen und kandiert. »Was für gute Geister aus diesem Kuchen steigen«, sagte er, sich in seinen Arbeitsstuhl zurücklehnend; »ich sehe plötzlich, wie es daheim in dem alten, steinernen Hause Weihnacht wird. – Die Messingtürklinken sind womöglich noch blanker als sonst; die große gläserne Flurlampe leuchtet heute noch heller auf die Stuckschnörkel an den sauber geweißten Wänden; ein Kinderstrom um den andern, singend und bettelnd, drängt durch die Haustür; vom Keller herauf aus der geräumigen Küche zieht der Duft des Gebäckes in ihre Nasen, das dort in dem großen kupfernen Kessel über dem Feuer prasselt. – Ich sehe alles; ich sehe Vater und Mutter – Gott sei gedankt, sie leben beide! –, aber die Zeit, in die ich hinabblicke, liegt in so tiefer Ferne der Vergangenheit! – Ich bin ein Knabe noch! – Die Zimmer zu beiden Seiten des Flurs sind erleuchtet; rechts ist die Weihnachtsstube. Während ich vor der Tür stehe, horchend, wie es drinnen in dem Knittergold und in den Tannenzweigen rauscht, kommt von der Hoftreppe herauf der Kutscher, eine Stange mit einem Wachslichtendchen in der Hand. – ›Schon anzünden, Thoms?‹ Er schüttelt schmunzelnd den Kopf und verschwindet in die Weihnachtsstube. – Aber wo bleibt denn Onkel Erich? – Da kommt es draußen die Treppe hinauf; die Haustür wird aufgerissen. Nein, es ist nur sein Lehrling, der die lange Pfeife des ›Herrn Ratsverwandters‹ bringt; ihm nach quillt ein neuer Strom von Kindern; zehn kleine Kehlen auf einmal stimmen an: ›Vom Himmel hoch, da komm' ich her!‹ Und schon ist meine Großmutter mitten zwischen ihnen, die alte, geschäftige Frau, den Speisekammerschlüssel am kleinen Finger, einen Teller voll Gebäckes in der Hand. Wie blitzschnell das verschwindet! Auch ich erwische meinen Teil davon, und eben kommt auch meine Schwester mit dem Kindermädchen, festlich gekleidet, die langen Zöpfe frisch geflochten. Ich aber halte mich nicht auf; ich springe drei Stufen auf einmal die Treppe nach dem Hofe hinab.«

Es war allmählich dunkel geworden; die Frau des Amtsrichters hatte leise einen Aktenstoß von einem Stuhl entfernt und sich an die Seite ihres Mannes gesetzt.

»Drüben in dem Seitengebäude ist das Arbeitszimmer meines Vaters. Auf die Vordiele dort fällt heute kein Lichtschein aus dem Türfenster der Schreiberstube; der alte Tausendkünstler ist von meiner Mutter drinnen bei den Weihnachtsgeheimnissen angestellt. Aber ich tappe mich im Dunkeln vorwärts; denn gegenüber in seinem Zimmer höre ich die Schritte meines Vaters. Er arbeitet schon nicht mehr. Ich öffne leise die Tür; wie deutlich sehe ich ihn vor mir, ihn selbst und das große, verräucherte Gemach, in dem der harte Schlag der alten Wanduhr pickt! Mit einer feierlichen Unruhe geht er zwischen den mit Papieren bedeckten Tischen umher, in der einen Hand den Messingleuchter mit der brennenden Kerze, die andere vorgestreckt, als solle jetzt alles Störende ferngehalten werden. Er öffnet die Schublade seines kleinen Stehpults und nimmt die große goldene Tabatiere aus der Fischhautkapsel, einst ein Geschenk der Urgroßmutter an ihren Bräutigam, dann nach des Urgroßvaters Tode

eine Ehren- und Vertrauensgabe an ihn. Aber er ist noch nicht fertig; aus dem Geldkörbchen werden blanke Silbermünzen für die Dienstboten hervorgesucht, eine Goldmünze für den Schreiber. ›Ist Onkel Erich schon da?‹ fragt er, ohne sich nach mir umzusehen. – ›Noch nicht, Vater! Darf ich ihn holen?‹ – ›Das könntest du ja tun.‹ Und fort renne ich durch das Wohnhaus auf die Straße, um die Ecke am Hafen entlang, und während ich drunten aus der Dämmerung das Pfeifen des Windes in den Tauen der Schiffe höre, habe ich das alte Giebelhaus mit dem Vorbau erreicht. Die Tür wird aufgerissen, daß die Klingel weithin durch Flur und Pesel schallt. – Vor dem Ladentisch steht der alte Kommis, der das Detailgeschäft leitet. Er sieht mich etwas grämlich an. ›Der Herr ist in seinem Comptoir‹, sagt er trocken; er liebt die wilde naseweise Range nicht. Aber, was geht's mich an. – Fort mach' ich hinten zur Hoftür hinaus, über zwei kleine finstere Höfe, dann in ein uraltes seltsames Nebengebäude, in welchem sich das Allerheiligste des Onkels befindet. Ohne Unfall komme ich durch den engen dunkeln Gang und klopfe an eine Tür. – ›Herein!‹ Da sitzt der kleine Herr in dem feinen braunen Tuchrock an seinem mächtigen Arbeitspult; der Schein der Comptoirlampe fällt auf seine freundlichen kleinen Augen und auf die mächtige Familiennase, die über den frischgestärkten Vatermörder hinausragt. – ›Onkel, ob du nicht kommen wolltest!‹ sage ich, nachdem ich Atem geschöpft habe. – ›Wollen wir uns noch einen Augenblick setzen!‹ erwidert er, indem seine Feder summierend über das Folium des aufgeschlagenen Hauptbuches hinabgleitet. – Mir wird ganz behaglich zu Sinne, ich werde nicht ein bißchen ungeduldig; aber ich setze mich auch nicht; ich bleibe stehen und besehe mir die Englands- und Westindienfahrer des Onkels, deren Bilder an der Wand hängen. Es dauert auch nicht lange, so wird das Hauptbuch herzhaft zugeklappt, das Schlüsselbund rasselt und: ›Sieh so‹, sagt der Onkel, ›fertig wären wir!‹ Während er sein spanisches Rohr aus der Ecke langt, will ich schon wieder aus der Tür; aber er hält mich zurück. ›Ah, wart doch mal ein wenig! Wir hätten hier wohl noch so etwas mitzunehmen.‹ Und aus einer dunkeln Ecke des Zimmers holt er zwei wohlversiegelte, geheimnisvolle Päckchen. – Ich wußte es wohl, in solchen Päckchen steckte ein Stück leibhaftigen Weihnachtens; denn der Onkel hatte einen Bruder in Hamburg, und er trat nicht mit leeren Händen an den Tannenbaum. So nie gesehenes, märchenhaftes Zuckerzeug, wie er mitten in der Bescherung noch mir und meiner Schwester auf unsere Weihnachtsteller zu legen pflegte, ist mir später niemals wieder vorgekommen.

Bald darauf steige ich an der Hand des Onkels die breite Steintreppe zu unserm Hause hinauf. Ein paar Augenblicke verschwindet er mit seinen Päckchen in die Weihnachtsstube; es ist noch nicht angezündet, aber durch die halb geöffnete und rasch wieder geschlossene Tür glitzert es mir entgegen aus der noch drinnen herrschenden ahnungsvollen Dämmerung. Ich schließe die Augen, denn ich will nichts sehen, und trete in das gegenüberliegende, festlich erleuchtete Zimmer,

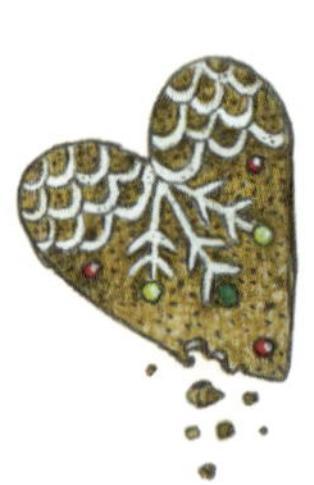

das ganz von dem Duft der braunen Kuchen und des heute besonders fein gemischten Tees erfüllt ist. Die Hände auf dem Rücken, mit langsamen Schritten, geht mein Vater auf und nieder. ›Nun, seid ihr da?‹ fragt er stehenbleibend. – Und schon ist auch Onkel Erich bei uns; mir scheint, die Stube wird noch einmal so hell, da er eintritt. Er grüßt die Großmutter, den Vater; er nimmt meiner Schwester die Tasse ab, die sie ihm auf dem gelblackierten Brettchen präsentiert. ›Was meinst du‹, sagt er, indem er seinen Augen einen bedenklichen Ausdruck zu geben sucht, ›es wird wohl heute nicht viel für uns abfallen!‹ Aber er lacht dabei so tröstlich, daß diese Worte wie eine goldene Verheißung klingen. Dann, während in dem blanken Messingkomfort der Teekessel saust, beginnt er eine seiner kleinen Erzählungen von den Begebenheiten der letzten Tage, seit man sich nicht gesehen. War es nun der Ankauf eines neuen Spazierstocks oder das unglückliche Zerbrechen einer Mundtasse, es floß alles so sanft dahin, daß man ganz davon erquickt wurde. Und wenn er gar eine Pause machte, um das bisher Erzählte im behaglichsten Gelächter nachzugenießen, wer hätte da nicht mitgelacht! Mein Vater nimmt vergeblich seine kritische Prise; er muß endlich doch mit einstimmen. Dies harmlose Geplauder – es ist mir das erst später klar geworden – war die Art, wie der tätige Geschäftsmann von der Tagesarbeit ausruhte. Es klingt mir noch lieb in der Erinnerung, und mir ist, als verstände das jetzt niemand mehr. – Aber während der Onkel so erzählt, steckt plötzlich meine Mutter, die seit Mittag unsichtbar gewesen ist, den Kopf ins Zimmer. Der Onkel macht ein Kompliment und bricht seine Geschichte ab; die Tür und die gegenüberliegende Tür werden weit geöffnet. Wir treten zögernd ein; und vor uns, zurückgestrahlt von dem großen Wandspiegel, steht der brennende Baum mit seinen Flittergoldfähnchen, seinen weißen Netzen und goldenen Eiern, die wie Kinderträume in den dunkeln Zweigen hängen.«

»Paul«, sagt die Frau, »und wenn wir ihn noch so weit herbeischaffen sollten, wir müssen wieder einen Tannenbaum haben. Der arme Junge hat sich selbst einen Weihnachtsgarten gebaut; er ist nur eben wieder fort, um Moos aus dem Eichenwäldchen zu holen.«

Der Amtsrichter schwieg einen Augenblick. – »Es tut nicht gut, in die Fremde zu gehen«, sagte er dann, »wenn man daheim schon am eigenen Herd gesessen hat. – Mir ist noch immer, als sei ich hier nur zu Gaste, und morgen oder übermorgen sei die Zeit herum, daß wir alle wieder nach Hause müßten!«

Sie faßte die Hand ihres Mannes und hielt sie fest in der ihrigen, aber sie antwortete nichts darauf.

»Gedenkst du noch an einen Weihnachten?« hub er wieder an, »ich hatte die Studentenjahre hinter mir und lebte nun noch einmal, zum letzten Mal, eine kurze Zeit als Kind im elterlichen Hause. Freilich war es dort nicht mehr so heiter, wie es einst gewesen; es war Unvergeßliches geschehen, die alte Familiengruft unter der großen Linde war ein paarmal offen gewesen; meine Mutter, die unermüdlich tätige Frau, ließ oft mitten in der Arbeit die Hände sinken und stand regungslos, als habe sie sich selbst vergessen. Wie unsere alte Margreth sagte, sie trug ein Kämmerchen in ihrem Kopf, drin spielte ein totes Kind. – Nur Onkel Erich, freilich ein wenig grauer als sonst, erzählte noch seine kleinen freundlichen Geschichten, und auch die Schwester und die Großmutter lebten noch. Damals war jener Weihnachtsabend; ein junges schönes Mädchen war zu der Schwester auf Besuch gekommen. Weißt du, wie sie hieß?«

»Ellen«, sagte sie leise und lehnte den Kopf an die Brust ihres Mannes.

Der Mond war aufgegangen und beleuchtete ein paar Silberfäden in dem braunen seidigen Haar, das sie schlicht gescheitelt trug, schmucklos in einer Flechte um den Schildpattkamm gelegt.

Er strich mit der Hand über dies noch immer selten schöne Haar. »Ellen hatte auch beschert bekommen«, sprach er weiter; »auf dem kleinen Mahagonitische lagen Geschenke von meiner Mutter und was von ihren Eltern von drüben aus dem Schwesterlande herübergeschickt war. Sie stand mit dem Rücken gegen den brennenden Baum, die Hand auf die Tischplatte gestützt; sie stand schon lange so; ich sehe sie noch« – und er ließ seine Augen eine Weile schweigend auf dem schönen Antlitz seiner Frau ruhen –, »da war meine Mutter unbemerkt zu ihr getreten; sie faßte sanft ihre Hand und sah ihr fragend in die Augen. – Ellen blickte nicht um, sie neigte nur den Kopf; plötzlich aber richtete sie sich rasch auf und entfloh ins Nebenzimmer. Weißt du es noch? Während meine Mutter leise den Kopf schüttelte, ging ich ihr nach; denn seit einem kleinen Zank am letzten Abend waren wir vertraute Freunde. Ellen hatte sich in der Ofenecke auf einen Stuhl gesetzt; es war fast

dunkel dort; nur eine vergessene Kerze mit langer Schnuppe brannte in dem Zimmer. ›Hast du Heimweh, Ellen?‹ fragte ich. – ›Ich weiß es nicht!‹ – Eine Weile stand ich schweigend vor ihr. ›Was hast du denn da in der Hand?‹ – ›Willst du es haben?‹ – Es war eine Börse von dunkelroter Seide. ›Wenn du sie für mich gemacht hast‹, sagte ich; denn ich hatte die Arbeit in den Tagen zuvor in ihren Händen gesehen und wohl bemerkt, wie Ellen sie, sobald ich näher kam, in ihrem Nähkästchen verschwinden ließ. – Aber Ellen antwortete nicht und gab mir auch nicht ihr Angebinde. Sie stand auf und putzte das Licht, daß es plötzlich ganz hell im Zimmer wurde. ›Komm‹, sagte sie, ›der Baum brennt ab, und Onkel Erich will noch Zuckerzeug bescheren!‹ Damit wehte sie sich mit ihrem Schnupftuch ein paarmal um die Augen und ging in die Weihnachtsstube zurück, und als wir dann später am Pochbrett saßen, war sie die Ausgelassenste von allen. Von meinem Weihnachtsgeschenk war weiter nicht die Rede. – Aber weißt du, Frau?« – und er ließ ihre Hand los, die er bis dahin festgehalten –, »die Mädchen sollten nicht so eigensinnig sein; das hat mir damals keine Ruh gelassen; ich mußte doch die Börse haben, und darüber …«

»Darüber, Paul? – Sprich nur dreist heraus!«

»Nun, hast du denn von der Geschichte nichts gehört? Darüber bekam ich nun auch noch das Mädchen in den Kauf.«

»Freilich«, sagte sie, und er sah bei dem hellen Mondschein in ihren Augen etwas blitzen, das ihn an das übermütige Mädchen erinnerte, das sie einst gewesen, »freilich weiß ich von der Geschichte, und ich kann sie dir auch erzählen; aber es war ein Jahr später, nicht am Weihnachts-, sondern am Neujahrsabend, und auch nicht hüben, sondern drüben.«

Sie räumte das Tintenfaß und einige Papiere beiseite und setzte sich ihrem Manne gegenüber auf den Schreibtisch. »Der Vetter war bei Ellens Eltern zum Besuch, bei dem alten prächtigen Kirchspielvogt, der damals noch ein starker Nimrod war. – Ellen hatte noch niemals einen so schönen und langen Brief bekommen als den, worin der Vetter sich bei ihnen angemeldet; aber so gut wie mit der Feder wußte er mit der Flinte nicht umzugehen. Und dennoch, tat es die Landluft oder der schöne Gewehrschrank im Zimmer des Kirchspielvogts, es war nicht anders, er mußte alle Tage auf die Jagd. Und wenn er dann abends durchnäßt mit leerer Tasche nach Hause kam und die Flinte schweigend in die Ecke setzte – wie behaglich ergingen sich da die Stichelreden des alten Herrn. – ›Das heißt Malheur, Vetter; aber die Hasen sind heuer alle wild geraten!‹ – oder: ›Mein Herzensjunge, was soll die Diana einmal von dir denken!‹ Am meisten aber – du hörst doch, Paul?«

»Ich höre, Frau.«

»Am meisten plagte ihn die Ellen; sie setzte ihm heimlich einen Strohkranz auf, sie band ihm einen Gänseflügel vor den Flintenlauf; eines Vormittags – weißt du, es war Schnee gefallen – hatte sie einen Hasen, den der Knecht geschossen, aus der Speisekammer geholt, und eine Weile darauf saß er noch einmal auf seinem alten Futterplatz im Garten, als wenn er lebte, ein Kohlblatt zwischen den Vorderläufen. Dann hatte sie den Vetter gesucht und an die Hoftür gezogen. ›Siehst du ihn, Paul? Da hinten im Kohl; die Löffel gucken aus dem Schnee!‹ – Er sah ihn auch; seine Hand zitterte. ›Still, Ellen! Sprich nicht so laut! Ich will die Flinte holen!‹ Aber als kaum die Tür nach des Vaters Stube hinter ihm zuklappte, war Ellen schon wieder in den Schnee hinausgelaufen, und als er endlich mit der geladenen Flinte heranschlich, hing auch der Hase schon wieder an seinem sichern Haken in der Speisekammer. – Aber der Vetter ließ sich geduldig von ihr plagen.«

»Freilich«, sagte der Amtsrichter und legte seine Arme behaglich auf die Lehne seines Sessels, »er hatte ja die Börse noch immer nicht!«

»Drum auch! Die lag noch unangerührt droben in der Kommode, in Ellens Giebelstübchen. Aber – wo die Ellen war, da war der Vetter auch; heißt das, wenn er nicht auf der Jagd war. Saß sie drinnen an ihrem Nähtisch, so hatte er gewiß irgendein Buch aus der Polterkammer geholt und las ihr daraus vor; war sie in der Küche und backte Waffeln, so stand er neben ihr, die Uhr in der Hand, damit das Eisen zur rechten Zeit gewendet würde. – So kam die Neujahrsnacht. Am Nachmittage hatten beide auf dem Hofe mit des Vaters Pistolen nach goldenen Eiern geschossen, die Ellen vom Weihnachtsbaum ihrer Geschwister abgeschnitten; und der Vetter hatte unter dem Händeklatschen der Kleinen zweimal das goldene Ei getroffen. Aber war's nun, weil er am andern Tage reisen mußte, oder war's, weil Ellen fortlief, als er sie vorhin allein in ihrem Zimmer aufgesucht hatte – es war gar nicht mehr der geduldige Vetter –, er tat kurz und unwirsch und sah kaum noch nach ihr hin. – Das blieb den ganzen Abend so; auch als man später sich zu Tische setzte. Ellens Mutter warf wohl einmal einen fragenden Blick auf die beiden, aber sie sagte nichts darüber. Der Kirchspielvogt hatte auf andere Dinge zu achten, er schenkte den Punsch, den er eigenhändig gebraut hatte; und als es drunten im Dorfe zwölf schlug, stimmte er das alte Neujahrslied von Johann Heinrich Voß an, das nun getreulich durch alle Verse abgesungen wurde. Dann rief man ›Prost Neujahr!‹ und schüttelte sich die Hände, und auch Ellen reichte dem Vetter ihre Hand; aber er berührte kaum ihre Fingerspitzen. – So war's auch, da man sich bald darauf gute Nacht sagte. – Als das Mädchen droben allein in ihrem Giebelstübchen war – und nun merk auf, Paul, wie ehrlich ich erzähle! –, da hatte sie keine Ruh zum Schlafen; sie setzte sich still auf die Kante ihres Bettes, ohne sich auszukleiden und ohne der klingenden Kälte in der ungeheizten Kammer zu achten. Denn es kränkte sie doch; sie hatte dem Menschen ja nichts zuleid getan. Freilich, er hatte sie gestern noch gefragt, ob sie den Hasen nicht wieder im Kohl gesehen; und sie hatte dazu den Kopf geschüttelt. – War es etwa das, und wußte er denn, daß er den Hasen schon vor drei Tagen selbst hatte mit verzehren helfen? – Sie wollte den schönen Brief des Vetters einmal wieder lesen. Aber als sie in die Tasche langte, vermißte sie den Kommodenschlüssel. Sie ging mit dem Lichte hinab in die Wohnstube, und von dort, als sie ihn nicht gefunden, in die Küche, wo sie vorhin gewirtschaftet hatte.

Von all dem Sieden und Backen des Abends war es noch warm in dem großen dunkeln Raume. Und richtig, dort lag der Schlüssel auf dem Fensterbrett. Aber sie stand noch einen Augenblick und blickte durch die Scheiben in die Nacht hinaus. – So hell und weit dehnte sich das Schneefeld; dort unten zerstreut lagen die schwarzen Strohdächer des Dorfes; unweit des Hauses zwischen den kahlen Zweigen der Silberpappeln erkannte sie deutlich die großen Krähnennester; die Sterne funkelten. Ihr fiel ein alter Reim ein, ein Zauberspruch, den sie vor Jahr und Tag von der Tochter des Schulmeisters gelernt hatte. Hinter ihr im Hause war es so still und leer; sie schauerte; aber trotz dessen wuchs in ihr das Gelüste, es mit den unheimlichen Dingen zu versuchen. So trat sie zögernd ein paar Schritte zurück. Leise zog sie den einen Schuh vom Fuße, und die

Augen nach den Sternen und tief aufatmend sprach sie: ›Gott grüß dich, Abendstern!‹ – Aber was war das? Ging hinten nicht die Hoftür? Sie trat ans Fenster und horchte. – Nein, es knarrte wohl nur die große Pappel an der Giebelseite des Hauses. – Und noch einmal hub sie leise an und sprach:

Gott grüß dich, Abendstern!
Du scheinst so hell von fern,
Über Osten, über Westen,
Über alle Krähennesten.
Ist einer zu mein Liebchen geboren,
Ist einer zu mein Liebchen erkoren,
Der komm, als er geht,
        Als er steht,
In sein täglich Kleid!

Dann schwenkte sie den Schuh und warf ihn hinter sich. Aber sie wartete vergebens; sie hörte ihn nicht fallen. Ihr wurde seltsam zumute, das kam von ihrem Vorwitz! Welch unheimlich Ding hatte ihren Schuh gefangen, eh' er den Boden erreicht hatte? – Einen Augenblick noch stand sie so; dann mit dem letzten Restchen ihres Mutes wandte sie langsam den Kopf zurück. – Da stand ein Mann in der dunkeln Tür, und es war Paul; er war richtig noch einmal auf den unglücklichen Hasen ausgewesen!«

»Nein, Ellen«, sagte der Amtsrichter, »du weißt es wohl; das war es denn doch diesmal nicht; er hatte nur, wie du, auch keine Ruh gefunden; aber nun hielt er den kleinen Schuh des Mädchens in der Hand; und Ellen hatte sich am Herd auf einen Stuhl gesetzt, mit geschlossenen Augen, die Hände gefaltet vor sich in den Schoß gestreckt. Es war kein Zweifel mehr, daß sie sich ganz verloren gab; denn sie wußte wohl, daß der Vetter alles gehört und gesehen hatte. – Und weißt du auch noch die Worte, die er zu ihr sprach?«

»Ja, Paul, ich weiß sie noch; und es war sehr grausam und wenig edel von ihm. ›Ellen‹, sagte er, ›ist noch immer die Börse nicht für mich gemacht?‹ – Doch Ellen tat ihm auch diesmal den

Gefallen nicht; sie stand auf und öffnete das Fenster, daß von draußen die Nachtluft und das ganze Sterngefunkel zu ihnen in die Küche drang.«

»Aber«, unterbrach er sie, »Paul war zu ihr getreten, und sie legte still den Kopf an seine Brust; und noch höre ich den süßen Ton ihrer Stimme, als sie so, in die Nacht hinaus nickend, sagte: ›Gott grüß dich, Abendstern!‹«

Die Tür wurde rasch geöffnet; ein kräftiger, etwa zehnjähriger Knabe trat mit einem brennenden Licht ins Zimmer. »Vater! Mutter!« rief er, indem er die Augen mit der Hand beschattete. »Hier ist Moos und Efeu und auch noch ein Wacholderzweig!«

Der Amtsrichter war aufgestanden. »Bist du da, mein Junge!« sagte er und nahm ihm die Botanisiertrommel mit den heimgebrachten Schätzen ab.

Frau Ellen aber ließ sich schweigend von dem Schreibtisch herabgleiten und schüttelte sich ein wenig wie aus Träumen. Sie legte beide Hände auf ihres Mannes Schultern und blickte ihn eine Weile voll und herzlich an. Dann nahm sie die Hand des Knaben. »Komm, Harro«, sagte sie, »wir wollen Weihnachtsgärten bauen!«

Der Weihnachtsabend begann zu dämmern. – Der Amtsrichter war mit seinem Sohne auf der Rückkehr von einem Spaziergange; Frau Ellen hatte sie auf ein Stündchen fortgeschickt. Vor ihnen im Grunde lag die kleine Stadt; sie sahen deutlich, wie aus allen Schornsteinen der Rauch emporstieg; denn dahinter am Horizont stand feuerfarben das Abendrot. – Sie sprachen von den Großeltern drüben in der alten Heimat; dann von den letzten Weihnachten, die sie dort erlebt hatten.

»Und am Vorabend«, sagte der Vater, »als Knecht Ruprecht zu uns kam mit dem großen Bart und dem Quersack und der Rute in der Hand!«

»Ich wußte wohl, daß es Onkel Johannes war«, erwiderte der Knabe, »der hatte immer so etwas vor!«

»Weißt du denn auch noch die Worte, die er sprach?«

Harro sah den Vater an und schüttelte den Kopf. »Wart nur«, sagte der Amtsrichter, »die Verse liegen zu Haus in meinem Pult; vielleicht bekomm' ich's noch beisammen!« Und nach einer Weile

fuhr er fort: »Entsinne dich nur, wie erst die drei Rutenhiebe von draußen auf die Tür fielen und wie dann die rauhe borstige Gestalt mit der großen Hakennase in die Stube trat! Dann hub er langsam und mit tiefer Stimme an:

Von drauß vom Walde komm' ich her,
Ich muß euch sagen, es weihnachtet sehr!
Allüberall auf den Tannenspitzen
Sah ich goldene Lichtlein sitzen.
Und droben aus dem Himmelstor
Sah mit großen Augen das Christkind hervor.
Und wie ich so strolcht' durch den dichten
Da rief's mich mit heller Stimme an; [Tann,
›Knecht Ruprecht‹, rief es, ›alter Gesell,
Hebe die Beine und spute dich schnell!
Die Kerzen fangen zu brennen an,
Das Himmelstor ist aufgetan,
Alt' und Junge sollen nun
Von der Jagd des Lebens einmal ruhn;
Und morgen flieg' ich hinab zur Erden,
Denn es soll wieder Weihnachten werden!‹
Ich sprach: ›O lieber Herre Christ,
Meine Reise fast zu Ende ist;
Ich soll nur noch in diese Stadt,
Wo's eitel brave Kinder hat.‹

›Hast denn das Säcklein auch bei dir?‹
Ich sprach: ›Das Säcklein, das ist hier;
Denn Apfel, Nuß und Mandelkern
Fressen fromme Kinder gern!‹
›Hast denn die Rute auch bei dir?‹
Ich sprach: ›Die Rute, die ist hier!
Doch für die Kinder nur, die schlechten,
Die trifft sie auf den Teil, den rechten!‹
Christkindlein sprach: ›So ist es recht,
So geh mit Gott, mein treuer Knecht!‹
Von drauß vom Walde komm' ich her;
Ich muß euch sagen, es weihnachtet sehr!
Nun sprecht, wie ich's hierinnen find'?
Sind's gute Kind, sind's böse Kind?

Aber«, fuhr der Amtsrichter mit veränderter Stimme fort, »ich sagte dem Knecht Ruprecht:

Der Junge ist von Herzen gut,
Hat nur mitunter was trotzigen Mut!«

»Ich weiß, ich weiß!« rief Harro triumphierend; und den Finger emporhebend und mit listigem Ausdruck setzte er hinzu: »Dann kam so etwas!«

»Was dich in großes Geschrei brachte; denn Knecht Ruprecht schwang seine Rute und sprach:

Heißt es bei euch denn nicht mitunter:
Nieder den Kopf und die Hosen herunter?«

»Oh«, sagte Harro, »ich fürchtete mich nicht; ich war nur zornig auf den Onkel!«

Über der Stadt, die sie jetzt fast erreicht hatten, stand nur noch ein fahler Schein am Himmel. Es dunkelte schon; aber es begann zu schneien; leise und emsig fielen die Flocken, und der Weg schimmerte schon weiß zu ihren Füßen.

Vater und Sohn waren eine Weile schweigend nebeneinander hergegangen. – »Am Abend darauf«, hub der Amtsrichter wieder an, »brannte der letzte Weihnachtsbaum, den du gehabt hast. Es war damals eine bewegte Zeit; sogar das Zukkerwerk zwischen den Tannenzweigen war kriegerisch geworden: unsere ganze Armee, Soldaten zu Pferde und zu Fuß! – Von alledem ist nun nichts mehr übrig!« setzte er leiser und wie mit sich selber redend hinzu.

Der Knabe schien etwas darauf erwidern zu wollen, aber ein anderes hatte plötzlich seine Gedanken in Anspruch genommen. – Es war ein großer bärtiger Mann, der vor ihnen aus einem Seitenwege auf die Landstraße herauskam. Auf der Schulter balancierte er ein langes stangenartiges Gepäck, während er mit einem Tannenzweig, den er in der Hand hielt, bei jedem Schritt in die Luft peitschte. Wie er vorüberging, hatte Harro in der Dämmerung noch die große rote Hakennase erkannt, die unter der Pelzmütze hinausragte. Auch einen Quersack trug der Mann, der anscheinend mit allerhand eckigen Dingen angefüllt war. Er ging rasch vor ihnen auf.

»Knecht Ruprecht!« flüsterte der Knabe, »hebe die Beine und spute dich schnell!«

Das Gewimmel der Schneeflocken wurde dichter, sie sahen ihn noch in die Stadt hinabgehen; dann entschwand er ihren Augen; denn ihre Wohnung lag eine Strecke weiter außerhalb des Tores.

»Freilich«, sagte der Amtsrichter, indem sie rüstig zuschritten, »der Alte kommt zu spät; dort unten in der Gasse leuchteten schon alle Fenster in den Schnee hinaus.«

Endlich war das Haus erreicht. Nachdem sie auf dem Flur die beschneiten Überkleider abgetan, traten sie in das Arbeitszimmer des Amtsrichters. Hier war heute der Tee serviert; die große Kugellampe brannte, alles war hell und aufgeräumt. Auf der saubern Damastserviette stand das feinlackierte Teebrett mit den Geburtstagstassen und dem rubinroten Zuckerglase; daneben auf dem Fußboden in dem Komfort von Mahagonistäbchen mit blankem Messingeinsatz kochte der Kessel, wie es sein muß, auf gehörig durchgeglühten Torfkohlen; wie daheim einst in der großen Stube des alten Familienhauses, so dufteten auch hier in dem kleinen Stübchen die braunen Weihnachtskuchen nach dem Rezept der Urgroßmutter. – Aber während die Mutter nebenan im Wohnzimmer noch das Fest bereitete, blieben Vater und Sohn allein; kein Onkel Erich kam, ihnen feiern zu helfen. Es war doch anders als daheim.

Ein paarmal hatte Harro mit bescheidenem Finger an die Tür gepocht, und ein leises »Geduld!« der Mutter war die Antwort gewesen. Endlich trat Frau Ellen selbst herein. Lächelnd – aber ein leiser Zug von Weh war noch dabei – streckte sie ihre Hände aus und zog ihren Mann und ihren Knaben, jeden bei einer Hand, in die helle Weihnachtsstube.

Es sah freundlich genug aus. Auf dem Tische in der Mitte, zwischen zwei Reihen brennender Wachskerzen, stand das kleine Kunstwerk, das Mutter und Sohn in den Tagen vorher sich selbst geschaffen hatten, ein Garten im Geschmack des vorigen Jahrhunderts mit glattgeschorenen Hekken und dunkeln Lauben; alles von Moos und verschiedenem Wintergrün zierlich zusammengestellt. Auf dem Teiche von Spiegelglas schwammen zwei weiße Schwäne; daneben vor dem chinesischen Pavillon standen kleine Herren und Damen von Papiermaché in Puder und Kontuschen. – Zu beiden Seiten lagen die Geschenke für den Knaben; eine scharfe Lupe für die Käfersammlung, ein paar bunte Münchener Bilderbogen, die nicht fehlen durften, von Schwind und Otto Speckter; ein Buch in rotem Halbfranzband; dazwischen ein kleiner Globus in schwarzer Kapsel, augenscheinlich schon ein altes Stück. »Es war Onkel Erichs letzte Weihnachtsgabe an mich«, sagte der Amtsrichter; »nimm du es nun von mir! Es ist mir in diesen Tagen aufs Herz gefallen, daß ich ihm die Freude, die er mir als Kind gemacht, in späterer Zeit nicht einmal wieder gedankt; nun haben sie mir den alten Herrn im letzten Herbst begraben!«

Frau Ellen legte den Arm um ihren Mann und führte ihn an den Spiegeltisch, auf dem heute die beiden silbernen Armleuchter brannten. Auch ihm hatte sie beschert; das erste aber, wonach seine Hand langte, war ein kleines Lichtbild. Seine Augen ruhten lange darauf, während Frau Ellen still zu ihm emporsah. Es war sein elterlicher Garten; dort unter dem Ahorn vor dem Lusthause standen die beiden Alten selbst, das noch dunkle volle Haar seines Vaters war deutlich zu erkennen.

Der Amtsrichter hatte sich umgewandt; es war, als suchten seine Augen etwas. Die Lichter an dem Moosgärtchen brannten knisternd fort; in ihrem Schein stand der Knabe vor dem aufgeschlagenen Weihnachtsbuch. Aber droben unter der Decke des hohen Zimmers war es dunkel; der Tannenbaum fehlte, der das Licht des Festes auch dort hinaufgetragen hätte.

Da klingelte draußen im Flur die Glocke, und die Haustür wurde polternd aufgerissen. »Wer ist denn das?« sagte Frau Ellen; und Harro lief zur Tür und sah hinaus.

Draußen hörten sie eine rauhe Stimme fragen: »Bin ich denn hier recht beim Herrn Amtsrichter?« Und in demselben Augenblicke wandte auch der Knabe den Kopf zurück und rief: »Knecht Ruprecht, Knecht Ruprecht!« Dann zog er Vater und Mutter mit sich aus der Tür.

Es war der große bärtige Mann, der den beiden Spaziergängern vorhin oberhalb der Stadt begegnet war; bei dem Schein des Flurlämpchens sahen sie deutlich die rote Hakennase unter der beschneiten Pelzmütze leuchten. Sein langes Gepäck hatte er gegen die Wand gelehnt. »Ich habe das hier abzugeben!« sagte er, indem er auch den schweren Quersack von der Schulter nahm.

»Von wem denn?« fragte der Amtsrichter.

»Ist mir nichts von aufgetragen worden.«

»Wollt Ihr denn nicht näher treten?«

Der Alte schüttelte den Kopf. »Ist alles schon besorgt! Habt gute Weihnacht beieinander!« Und indem er noch einmal mit der großen Nase nickte, war er schon zur Tür hinaus.

»Das ist eine Bescherung!« sagte Frau Ellen fast ein wenig schüchtern.

Harro hatte die Haustür aufgerissen. Da sah er die große dunkle Gestalt schon weithin auf dem beschneiten Wege hinausschreiten.

Nun wurde die Magd herbeigerufen, deren Bescherung durch dieses Zwischenspiel bis jetzt verzögert war; und als mit ihrer Hilfe die verhüllten Dinge in das helle Weihnachtszimmer gebracht waren, kniete Frau Ellen auf dem Fußboden und begann mit ihrem Trennmesser die Nähte des großen Packens aufzulösen. Und bald fühlte sie, wie es von innen heraus sich dehnte und die immer schwächer werdenden Bande zu sprengen strebte; und als der Amtsrichter, der bisher schweigend dabeigestanden, jetzt die letzten Hüllen abgestreift hatte und es aufrecht vor sich hingestellt hielt, da war's ein ganz mächtiger Tannenbaum, der nun nach allen Seiten seine entfesselten Zweige ausbreitete. Lange schmale Bänder von Knittergold rieselten und blitzten überall von den Spitzen durch das dunkle Grün herab; auch die Tannäpfel waren golden, die unter allen Zweigen hingen.

Harro war indes nicht müßig gewesen, er hatte den Quersack aufgebunden; mit leuchtenden Augen brachte er einen flachen, grünlackierten Kasten geschleppt. »Horch, es rappelt!« sagte er; »es ist ein Schubfach darin!« Und als sie es aufgezogen, fanden sie wohl ein Schock der feinsten weißen Wachskerzchen.

»Das kommt von einem echten Weihnachtsmann«, sagte der Amtsrichter, indem er einen Zweig des Baumes herunterzog, »da sitzen schon überall die kleinen Blechlampetten!«

Aber es war nicht nur ein Schubfach in dem Kasten; es war auch obenauf ein Klötzchen mit einem Schraubengang. Der Amtsrichter wußte Bescheid in diesen Dingen; nach einigen Minuten war der Baum eingeschroben und stand fest und aufrecht, seine grüne Spitze fast bis zur Dekke streckend. – Die alte Magd hatte ihre Schüssel mit Äpfeln und Pfeffernüssen stehenlassen; während die andern drei beschäftigt waren, die Wachskerzen aufzustecken, stand sie neben ihnen, ein lebendiger Kandelaber, in jeder Hand einen brennenden Armleuchter emporhaltend. – Sie war aus der Heimat mit herübergekommen und hatte sich von allen am schwersten in den Brauch der Fremde gefunden. Auch jetzt betrachtete sie den stolzen Baum mit mißtrauischen Augen. »Die goldenen Eier sind denn doch vergessen!« sagte sie.

Der Amtsrichter sah sie lächelnd an: »Aber, Margreth, die goldenen Tannäpfel sind doch schöner!«

»So, meint der Herr? Zu Hause haben wir immer die goldenen Eier gehabt.«

Darüber war nicht zu streiten; es war auch keine Zeit dazu. Harro hatte sich indessen schon wieder über den Quersack hergemacht. »Noch nicht anzünden!« rief er, »das Schwerste ist noch darin!«

Es war ein fest vernageltes hölzernes Kistchen. Aber der Amtsrichter holte Hammer und Meißel aus seinem Gerätkästchen; nach ein paar Schlä-

gen sprang der Deckel auf, und eine Fülle weißer Papierspäne quoll ihnen entgegen. – »Zukkerzeug!« rief Frau Ellen und streckte schützend ihre Hände darüber aus. »Ich wittere Marzipan! Setzt euch; ich werde auspacken!«

Und mit vorsichtiger Hand langte sie ein Stück nach dem andern heraus und legte es auf den Tisch, das nun von Vater und Sohn aus dem umhüllenden Seidenpapier herausgewickelt wurde.

»Himbeeren!« rief Harro, »und Erdbeeren, ein ganzer Strauß!«

»Aber siehst du es wohl?« sagte der Amtsrichter, »es sind Waldbeeren; so welche wachsen in den Gärten nicht.«

Dann kam, wie lebend, allerlei Geziefer; Hornissen und Hummeln und was sonst im Sonnenschein an stillen Waldplätzen umherzusummen pflegt, zierlich aus Dragant gebildet, mit goldbestäubten Flügeln; nun eine Honigwabe – die Zellen mochten mit Liqueur gefüllt sein –, wie sie die wilde Biene in den Stamm der hohlen Eiche baut; und jetzt ein großer Hirschkäfer, von Schokolade, mit gesperrten Zangen und ausgebreiteten Flügeldecken. *»Cerbus lucanus!«* rief Harro und klatschte in die Hände.

An jedem Stück war, je nach der Größe, ein

lichtgrünes Seidenbändchen. Sie konnten der Lokkung nicht widerstehen; sie begannen schon jetzt den Baum damit zu schmücken, während Frau Ellens Hände noch immer neue Schätze ans Licht förderten.

Bald schwebte zwischen den Immen auch eine Schar von Schmetterlingen an den Tannenspitzen; da war der Himbeerfalter, die silberblaue Daphnis und der olivenfarbige Waldargus, und wie sie alle heißen mochten, die Harro hier vergebens aufzujagen gesucht hatte. – Und immer schwerer wurden die Päckchen, die eins nach dem andern von den eifrigen Händen geöffnet wurden. Denn jetzt kam das Geschlecht des größern Geflügels; da kam der Dompfaff und der Buntspecht, ein paar Kreuzschnäbel, die im Tannenwald daheim sind; und jetzt – Frau Ellen stieß einen leichten Schrei aus – ein ganzes Nest voll kleiner schnäbelaufsperrender Vögel; und Vater und Sohn gerieten miteinander in Streit, ob es Goldhähnchen oder junge Zeisige seien, während Harro schon das kleine Heimwesen im dichtesten Tannengrün verbarg.

Noch ein Waldbewohner erschien; er mußte vom Buchenrevier herübergekommen sein; ein Eichhörnchen von Marzipan, in halber Lebensgröße, mit erhobenem Schweif und klugen Augen. »Und nun ist's alle!« rief Frau Ellen. Aber nein, ein schweres Päckchen noch! Sie öffnete es und verbarg es dann ebenso rasch wieder in beiden Händen. »Ein Prachtstück!« rief sie; »aber nein, Paul; ich bin edelmütiger als du; ich zeig's dir nicht!«

Der Amtsrichter ließ sich das nicht anfechten; er brach ihr die nicht gar zu ernstlich geschlossenen Hände auseinander, während sie lachend über ihn wegschaute.

»Ein Hase!« jubelte Harro, »er hat ein Kohlblatt zwischen den Vorderpfötchen!«

Frau Ellen nickte: »Freilich, er kommt auch eben aus des alten Kirchspielvogts Garten!«

»Harro, mein Junge«, sagte der Amtsrichter, indem er drohend den Finger gegen seine Frau erhob; »versprich mir, diesen Hasen zu verspeisen, damit er gründlich aus der Welt komme!«

Das versprach Harro.

Der Baum war voll, die Zweige bogen sich; die alte Margreth stöhnte, sie könne die Leuchter nicht mehr halten, sie habe gar keine Arme mehr am Leibe.

Aber es gab wieder neue Arbeit. »Anzünden!« kommandierte der Amtsrichter; und die kleinen und großen Weihnachtskinder standen mit heißen Gesichtern, kletterten auf Schemel und Stühle und ließen nicht ab, bis alle Kerzen angezündet waren.

Der Baum brannte, das Zimmer war von Duft und Glanz erfüllt; es war nun wirklich Weihnachten geworden.

Ein wenig müde von der ungewohnten Anstrengung saß der Amtsrichter auf dem Sofa, nachsinnend in den gegenüber hängenden großen Wandspiegel blickend, der das Bild des brennenden Baumes zurückstrahlte.

Frau Ellen, die ganz heimlich ein wenig aufzuräumen begann, wollte eben die geleerte Kiste an die Seite setzen, als sie wie in Gedanken noch einmal mit der Hand durch die Papierspäne streifte. Sie stutzte. »Unerschöpflich!« sagte sie lächelnd. – Es war ein Star von Schokolade, den sie hervorgeholt hatte. »Und, Paul«, fuhr sie fort, »er spricht!«

Sie hatte sich zu ihm auf die Sofalehne gesetzt, und beide lasen nun gemeinschaftlich den beschriebenen Zettel, den der Vogel in seinem Schnabel trug: »Einen Wald- und Weihnachtsgruß von einer dankbaren Freundin!«

»Also von ihr!« sagte der Amtsrichter, »ihr Herz hat ein gut Gedächtnis. Knecht Ruprecht mußte einen tüchtigen Weg zurücklegen; denn das Gut liegt fünf ganze Meilen von hier.«

Frau Ellen legte den Arm um ihres Mannes Nacken. »Nicht wahr, Paul, wir wollen auch nicht undankbar gegen die Fremde sein?«

»Oh, ich bin nicht undankbar; aber ...«

»Was denn aber, Paul?«

»Was mögen drüben jetzt die Alten machen!«

Sie antwortete nicht darauf; sie gab ihm schweigend ihre Hand.

»Wo ist Harro?« fragte er nach einer Weile.

Harro war eben wieder ins Zimmer getreten; aus einer Schachtel, die er mit sich brachte, nahm er eine kleine verblichene Figur und befestigte sie sorgfältig an einen Zweig des Tannenbaums. Die Eltern hatten es wohl erkannt; es war ein Stück von dem Zuckerzeug des letzten heimatlichen Weihnachtsbaums; ein Dragoner auf schwarzem Pferde in langem graublauen Mantel. Der Knabe stand davor und betrachtete es unbeweglich; seine großen blauen Augen unter der breiten Stirn wurden immer finsterer. »Vater«, sagte er endlich, und seine Stimme zitterte, »es war doch schade um unser schönes Heer! – Wenn sie es nur nicht aufgelöst hätten – ich glaube, dann wären wir wohl noch zu Hause!«

Eine lautlose Stille folgte, als der Knabe das gesprochen. Dann rief der Vater seinen Sohn und zog ihn dicht an sich heran. »Du kennst noch das alte Haus deiner Großeltern«, sagte er, »du bist vielleicht das letzte Kind von den Unsern, das noch auf den großen übereinandergetürmten

Bodenräumen gespielt hat; denn die Stunde ist nicht mehr fern, daß es in fremde Hand kommen wird. – Einer deiner Urahnen hat es einst für seinen Sohn gebaut. Der junge Mann fand es fertig und ausgestattet vor, als er nach mehrjähriger Abwesenheit in den Handelsstädten Frankreichs nach seiner Heimat zurückkehrte. Bei seinem Tode hat er es seinen Nachkommen hinterlassen, und sie haben darin gewohnt als Kaufherren und Senatoren oder, nachdem sie sich dem Studium der Rechte zugewandt hatten, als Bürgermeister oder Syndici ihrer Vaterstadt. Es waren angesehene und wohldenkende Männer, die im Lauf der Zeit ihre Kraft und ihr Vermögen auf mannigfache Weise ihren Mitbürgern zugute kommen ließen. So waren sie wurzelfest geworden in der Heimat. Noch in meiner Knabenzeit gab es unter den tüchtigeren Handwerkern fast keine Familie, wo nicht von den Voreltern oder Eltern eines in den Diensten der Unserigen gestanden hätte; sei es auf den Schiffen oder in den Fabriken oder auch im Hause selbst. – Es waren das Verhältnisse des gegenseitigen Vertrauens; jeder rühmte sich des andern und suchte sich des andern wert zu zeigen; wie ein Erbe ließen es die Eltern ihren Kindern; sie kannten sich alle, über Geburt und Tod hinaus, denn sie kannten Art und Geschlecht der Jungen, die geboren wurden, und der Alten, die vor ihnen dagewesen waren.« – Der Amtsrichter schwieg einen Augenblick, während der Knabe unbeweglich zu ihm emporsah. »Aber nicht allein in die Höhe«, fuhr er fort, »auch in die Tiefe haben deine Voreltern gebaut; zu dem steinernen Hause in der Stadt gehörte die Gruft draußen auf dem Kirchhof; denn auch die Toten sollten noch beisammen sein. – Und seltsam, da ich des inne ward, daß ich fort mußte, mein erster Gedanke war, ich könnte dort den Platz verfehlen. – Ich habe sie mehr als einmal offen gesehen; das letzte Mal, als deine Urgroßmutter starb, eine Frau in hohen Jahren, wie sie den Unserigen vergönnt zu sein pflegen. – Ich vergesse den Tag nicht. Ich war hinabgestiegen und stand unten in der Dunkelheit zwischen den Särgen, die neben und über mir auf den eisernen Stangen ruhten; die ganze alte Zeit, eine ernste schweigsame Gesellschaft. Neben mir war der Totengräber, ein eisgrauer Mann. Aber einst war er jung gewesen und hatte als Kutscher, den schwarzen Pudel zwischen den Knien, die Rappen meines Großvaters gefahren. – Er stand an einen hohen Sarg gelehnt und ließ wie liebkosend seine Hand über das schwarze Tuch des Deckels gleiten. ›Dat is min ole Herr!‹ sagte er in seinem Plattdeutsch, ›dat weer en gude Mann!‹ – Mein Kind, nur dort zu Hause konnte ich solche Worte hören. Ich neigte unwillkürlich das Haupt; denn mir war, als fühlte ich den Segen der Heimat sich leibhaftig auf mich niedersenken. Ich war der Erbe dieser Toten; sie selbst waren zwar dahingegangen; aber ihre Güte und Tüchtigkeit lebte noch und war für mich da und half mir, wo ich selber irrte, wo meine Kräfte mich verließen. – Und auch jetzt noch, wenn ich – mir und den Meinen nicht zur Freude, aber getrieben von jenem geheimnisvollen Weh – auf kurze Zeit zurückkehrte, ich weiß es wohl, dem sich dann alle Hände dort entgegenstreckten, das war nicht ich allein.«

Er war aufgestanden und hatte einen Fensterflügel aufgestoßen. Weithin dehnte sich das Schneefeld; der Wind sauste; unter den Sternen vorüber jagten die Wolken; dorthin, wo in unsichtbarer Ferne ihre Heimat lag. – Er legte fest den Arm um seine Frau, die ihm schweigend gefolgt war; seine lichtblauen Augen lugten scharf in die Nacht hinaus. »Dort!« sprach er leise; »ich will den Namen nicht nennen; er wird nicht gern gehört in deutschen Landen; wir wollen ihn still in unserm Herzen sprechen, wie die Juden das Wort für den Allerheiligsten.« Und er ergriff die Hand seines Kindes und preßte sie so fest, daß der Junge die Zähne zusammenbiß.

Noch lange standen sie und blickten dem dunkeln Zuge der Wolken nach. – Hinter ihnen im Zimmer ging lautlos die alte Magd umher und hütete sorgsamen Auges die allmählich niederbrennenden Weihnachtskerzen.

MARIELUISE FLEISSER

Kinderland

Die Kupferstraße war eine schöne Straße zum Spielen, oben bei der Oberen Pfarr war sie durch die Konviktkaserne abgeschlossen, die hier mit dem vorderen Zipfel ein wenig in die Gerade hineinstieß, unten über den Schrannenplatz hin sah man mitten auf die Protestantische Kirche, die ihren backsteinroten Turm als Zeigefinger in den Himmel streckte; sie grenzte den Hintergrund ab wie auf einem Bild. Für mich war es die schönste Straße, eigentlich kam sie mir vor wie ein Saal, über dem bloß kein Dach war. Gerade in der Mitte stand das Haus, das meinem Vater gehörte und meinem Großvater vor ihm.

Die Kupferstraße war eine Schulkinderstraße. Das hörte man, ohne aus dem Fenster zu sehn, an dem Stimmengeschwirr jeden Tag um acht Uhr, um zwölf Uhr, um zwei Uhr, um vier Uhr. Gleich links gegenüber hatten wir das schwarze Schulhoftor der Volksschule für Mädchen, die zum Kloster Gnadenthal gehörte, ein paar Häuser weiter oben hinter dem Hafner Bleimeier stand die Töchterschule.

Wenn mein Vater, der ein Geschmeidmacher

war, seinem Handwerk nachging, blieben die Schulkinder gern vor der Werkstatt stehn. Sie schauten durchs Fenster zu, wie der Lehrbub unter der uralten gewölbten Esse das offene Feuer anfachte. Die Esse war schwarz und niedrig, das Feuer darunter ein rotzüngelnder Strauß, der Lehrbub trat einen altertümlichen Blasbalg, der fauchte. Dann sahen sie meinen Vater mit dem langen Lederschurz wie einen König dastehn und dem weißgehitzten Eisen zwischen Hammer und Amboß den Gehorsam aufzwingen. Geschmiedet wurde an einem Stück meistens zu zweit, von rechts schlug mein Vater drauf, von links der Gehilfe in einem genauen Takt, dessen Läuten man bis zum Dach hinauf hörte. Schon immer wollte ich so nahe wie möglich dabei sein, ich streckte den Kragen hinein durch die vordere Werkstattür, die ich nur zu einem Spalt aufmachen durfte. Das Eisen errötete und streckte sich unter der formenden Pein, dann wurde es dunkler. »Ist das Eisen sehr heiß«, fragte ich, »wenn es so rot ist?« – »Nein«, sagte der Vater, »dann ist es schon kälter. Was tust denn du da herin? Marsch hinaus, dir kann ein Stück Eisen ins Auge fliegen.« Und gerade jetzt hätte ich dabeisein mögen, wenn der Gehilfe das geschmiedete Stück zum Härten ins Wasser steckte und wenn es zischte.

Ich konnte zum Hafner Bleimeier hinauflaufen, dem Gesellen zuschaun, wie auf der Drehscheibe die weichen Lehmtöpfe wuchsen. Ich konnte im Bäckerhof drüben aufpassen, was der Bäcker mit seinem Teig machte. Wir hatten einen Schlosser, einen Schreiner, einen Schuster, einen Sattler in der Straße, einen Metzger, seine Schweine schrien mörderisch in aller Früh, wenn sie auf den Viehwagen hinaufgezerrt wurden, der sie zum Schlachthof brachte, einen Stadtbauern, zwei Bäcker, die Tandler-Meierin, eine Bettfedernreinigungsanstalt und verschiedene Geschäfte, vom Pfarrhaus und den Schulen gar nicht zu reden, überall konnte man stillschweigend hineinschlüpfen und eine Zeitlang zuschaun, wenn man dem

Fleißer gehörte, bis man dann doch im Weg herumstand und auf sanfte Art hinausgeschafft wurde. Draußen von der Straße vertrieb einen niemand. Im Rinnstein mußte man schussern und dabei von den Buben Kraftworte lernen, im Bäkkerhof auf der Wagendeichsel schaukeln, sich in seinen hundert Winkeln verstecken, oder, wenn man den Durchgang zur Harderstraße benutzte, ins Kesselhaus einer Brauerei hineinspähn. Vom Schultor weg spielte man Schneider-leih-mir-die-Scheer und Räuber-und-Schandi, Mariechen-saß-auf-einem-Stein und Wir-fahren-wir-fahren-über-die-gläserne-Brücke-der-Letzte-muß-alles-bezahlen. Es war eine intime kleine Welt, die noch

nicht versehrt war. Alle traurigen Dinge waren noch Rätsel, die man nicht auf sich selber bezog.

Im Widmannhaus gleich nebenan habe ich meinen ersten Toten gesehn und einen Mann, der von sich wußte, daß er in kurzer Zeit blind werden mußte, er streckte die Arme weit von sich mit geschlossenen Augen und tastete sich so durchs Zimmer, um sich daran zu gewöhnen. »Da kannst du jetzt nicht hinüber, das ist was sehr Trauriges«, schalt mich die Mutter, »dort bist du jetzt nur im Weg.« Mein Vater sagte, im Vaterunser müßte man beten, unser tägliches Licht gib uns heute. Der Tote war ein siebenjähriger Knabe, dessen Eltern nicht lang da wohnten, wir kannten ihn kaum, aber – ich weiß nicht mehr, wer es aufbrachte – auf einmal rottete sich vor dem Haus ein Haufen Kinder zusammen, die alle die Stiege hinauftrappten und den Knaben, der noch nicht mit dem Leichenwagen abgeholt war, anschauen wollten. Wir klopften, eine Frau, die wir vom Sehen nicht kannten und die wohl zur Aushilfe da war, machte uns auf, ließ uns auch hinein, ging aber dann in die Küche und kümmerte sich um uns nicht weiter. Wir standen ohne Aufsicht am Bett und, nachdem wir ihn eine Zeitlang betrachtet hatten, besonders die Augen, die

kalt wie Fischschuppen unter dem Spalt der Lider vorglitzerten, zog einer der Gassenbuben, ich weiß nicht mehr welcher, das eine Bein des Toten, das in einem schwarzen handgestrickten Wollstrumpf steckte, in die Höhe, »es fallt von selber runter«, sagte er und ließ es aus, wobei wir unseren Augen nicht trauten, und wir gingen fort mit einem schlechten Gewissen.

»Ihr seid die reinsten Gassenbesen«, beklagte sich unsere Mutter. Der Winter aber hielt uns mehr in den Häusern, und ich ging zum Stadtpfarrprediger H. in die Volksbücherei und ließ mir was zum Lesen geben. Er war mein besonderer Freund, ein Naturkind in der Soutane und ein hochaufgerichteter Mann, in dessen Auftreten und Art der immer wieder durchbrechende kräftige Bauer zu seinem Leidwesen noch mit den Pflichten seines Standes stritt, er gab sich redliche Mühe, man mußte ihn gern haben dafür. »Was möchtest du denn haben?« fragte er mich und suchte in seinen Büchern nach was Bestimmtem. »Am liebsten ein dickes«, sagte ich schlicht und wies das dünne Bändchen Gockel, Hinkel und Gakeleia, das er mir eigens ausgesucht hatte, mit Entrüstung zurück, das hatte ich viel zu schnell ausgelesen.

Mein Vater brachte dann immer heiße Maroni von seinem Dämmerschoppen mit heim, er hatte sie vorn bei dem Italiener gekauft, bei dem nämlichen Giovanni Goi, der, als ihm seinerzeit die Frau starb, an seinen kleinen Laden ein Pappdekkel hängte mit der Inschrift »heute zusperrt weil Frau verreckt«, sehr zum Staunen der fleißigen Leser. »Und dabei, wenn man den Goi ein wenig kennt«, pflegte mein Vater gedankenvoll zu sagen, »hat der Mann die Pietät ja gar nicht verletzen wollen. Das bloße Wort gestorben war ihm nur zu gering für seinen großen Schmerz und da hat er in der fremden Sprache nach einem Wort gesucht, das seinen Jammer ganz überwältigend ausdrücken sollte.« Der schönste Schnee lag in der Straße. Wenn wir abends das Gaslicht angezündet und die Vorhänge zugezogen hatten, fuhr oft ein Schlitten unten vorbei mit einem Geläut, als käme er geradenwegs aus dem Himmel, das war der Schlitten vom Sattler Böttcher, der von Überlandfahrten heimkam, das Pferd, das ihn zog, hieß immer der Fritz.

Da war schon der Laternenanzünder mit seiner Stange durch die dunkelnden Straßen gegangen, das Gebetläuten ließ nicht mehr lang auf sich warten. Wir Kinder mußten spätestens zum

Gebetläuten daheim sein, das war ein strenges Gebot, wir haben es nur einmal verpaßt. Da hat meine ältere Schwester hinten in der Zipfelgasse ein Haus entdeckt, das so niedrig war, daß sogar wir Kinder mit der Hand auf das Dach hinauflangen konnten, das war eine umwälzende Entdeckung. Ein paar Tage lang wußten wir es nach der Schule nicht anders, als daß wir sogleich in die Zipfelgasse liefen und mit der Hand auf das Dach hinauflangten, auch unsere anderen Spiele trieben wir nur mehr um das Haus herum, wir trauten dem Haus zu, daß sich seltsame Dinge in ihm abspielen mußten. Die Stube in diesem Haus grub sich unter den Erdboden hinunter, darüber war schon das Dach, wir mußten uns bücken, um durchs Fenster zu sehn, da lag gleich unter dem Fenster ein bleiches Mädchen im Bett, das von Andersen hätte sein können und das mit flatternden Fingern aus rosa und hellblauem Kreppapier Blumen für billige Grabkränze drehte. Es hatte die ganze Bettdecke schon voll Papierblumen liegen, in der Stube war außer ihm niemand. Weil wir immer darauf warteten, daß etwas Niedagewesenes sich ereignen und noch die merkwürdigsten Gestalten in diese Stube eintreten mußten, darum hörten wir den Gebetläuter nicht und bekamen alle drei unsere Prügel dafür, die waren nicht von schlechten Eltern. Meine Schwester wurde in dieser Zeit von einer heftigen Neugierde für ein wildfremdes Mädchen namens Koch Theres erfaßt, bloß weil dieses im Turnsaal der Schule in tiefe Ohnmacht gefallen war, sie erwartete von diesem Mädchen noch Wunderdinge, da hat die Zipfelgasse dann freilich von ihrem Nimbus verloren.

Im Advent besuchten wir fleißig das Kripperl in der Klosterkirche, dort wurde einem die Zeit nicht lang. Oben im Chor hörte man unsichtbare Chorschwestern ein langgezogenes Chorgebet sprechen, ihre Stimmen brandeten gleichmäßig wie das Meer, und es hörte sich an, als ob die durch ein freiwilliges Gelübde Gefangenen in alle Ewigkeit so fortbeten müßten. Drunten sah man derweil den finsteren Herodes den Arm ausstrecken und seine Soldaten zum Kindermord fortschicken, ein paar Schritte weiter rissen sie schon die zappelnden Knäblein aus dem Arm ihrer flüchtenden Mütter, spießten sie auf oder schleuderten sie mit dem Kopf an die Mauer, daß sie mit dem Leben nicht fortkommen konnten. »Damals hätte ich nicht auf der Welt sein mögen«, sagte meine Schwester. Der Boden der Szene war aus natürlichem Moos, aus gelbem Sand oder kleinen Steinchen gebildet, darin steckten künstliche Bäume und orientalische Häuser, allerlei Geräte standen und lagen herum, die der biblischen Zeit nachgebildet waren, und die kleinen Figuren in ihren kostbaren Gewändern erzählten an allen Ecken und Enden soviel überraschende Einzelheiten, daß man sie mit wenigen Blicken gar nicht auffassen konnte. Den Wechsel der Bilder versäumte ich nie. Ich sah den Josef und die Maria vergebens um eine Unterkunft bitten und sah den Leuten in die warmen Häuser hinein, die sie hartherzig verschlossen, da war manche Anspielung gemacht auf die unterschiedlichen Stände, Berufe und ihre Gewohnheiten, so daß auch der Lebendige sich an der Nase fassen konnte, Geschmeidmacher war aber keiner dabei, und das tröstete mich ein wenig. Ich stiefelte gedankenvoll heim. Es dauerte nicht mehr lang, bis der Stern über dem Stall von Bethlehem strahlte.

Am Abend ließ die Mutter dann wohl durchblikken, sie sei heute beim Stadttheater dem Christkind begegnet. Das sagte sie, weil meine jüngeren Geschwister noch daran glaubten. »Mama, woher ist es gekommen?« – »Das Christkind sieht man nicht kommen, auf einmal steht es vor einem dort.« – »Woran kennt man es denn?« Das war eine Frage, über die meine Mutter sich nur undeutlich ausließ. Auf unserer Altane lehnte schon der Christbaum in seinem Eck und schaute in den Himmel hinauf, so wie er im Wald in den Himmel hinaufgeschaut hatte. Wir Kinder halfen nach der Schule beim Plätzchenausstechen, wir sahen es ein, daß das Christkind nicht alles selber machen konnte. Die Kleineren bekamen den Stiefel zum Ausstechen, das Herz oder den Fisch, die Größeren die Birne, an deren dünnem Stiel der Teig leicht hängen blieb und die schon mehr Geschick verlangte, den Stern, den Vogel, die Katze, die Blume, die Tanne.

Weil ich heimlich der Mutter bei anderen Vorbereitungen zur Hand gehen mußte, trieb ich beizeiten zum Schlafengehn hinauf, wir drei Mädchen schliefen im oberen Stock in einem Zimmer zusammen. Ich ließ mich schon bald ganz leise auf den Boden gleiten, ich kroch unter dem Bett meiner kleinen Schwester durch bis zur Tür, die ich vorher nur angelehnt hatte. Drunten hatte die Mutter schon den Korb Äpfel hergerichtet und das Netz Nüsse. Ich rieb die Äpfel mit einem weichen Tuch ab, bis sie gleichmäßig rote Backen herzeigten, ich fing ihren Stiel in einer Fadenschlinge und machte sie zum Aufknüpfen fertig. Wenn kein Stiel dran war, steckte ich ein Zündholz dafür hinein, diese Äpfel mußten bald weggegessen werden vom Baum, weil sie faulten. Dann wurden die Christbaumdrähte am Stielansatz in die Nüsse geschoben, das war ihre verwundbare Stelle. Manchmal war die Nuß ein wenig hohl, ich schob immer mehr Draht nach, bis er sich sperrte. An diesem Draht wurde die Nuß in einem Teller voll Bier herumgewirbelt. Vorsichtig wie einen Schmetterlingsflügel legte ich ein Blättchen Rauschgold in die hohle Hand, drehte die angefeuchtete Nuß in das Blatt ein und tupfte die schaumigen Fetzen mit Watte fest. Die

fertigen Nüsse hängte ich die vier Wände einer Pappschachtel entlang.

Am Heiligen Abend nach dem Essen durfte ich mit der Mutter den Baum aufhängen, ich glühte vor Eifer, weil ich es besonders schön machen wollte. »Die Äpfel mehr nach unten«, gab meine Mutter an, »ich habe sonst nichts zum Beschweren, die Nüsse kommen an die Zweigspitzen, aber so, daß mir keine silberne neben einer goldenen hängt, die Eiszapfen an die dünnen Zweige der Spitze, unten werden sie mir nur zerbrochen, den weißen Hirsch vorn in die Mitte und nicht zu hoch, daß ihn die Kinder noch springen sehen.« Sie hing sehr an dem Hirsch, er sprang so graziös und war aus weißem Milchglas geblasen. Dann kamen die roten, die blauen, die grünen, die goldenen Kugeln daran, die zarten Sterne aus Silberglasstäbchen, die Goldfeuerblumen, die roten Kerzen. Zum Schluß stieg die Mutter auf einen Stuhl und schlang eine lange Perlenkette dreimal um den Baum, jedes Jahr fand mein Vater die Kette barbarisch. »Ein Baum wird doch nicht geschnürt«, sagte er, »überhaupt sind mir Bäume in ihrem natürlichen Grün am liebsten.« – »Das verstehst du nicht, Mann«, sagte die Mutter, »der Baum muß doch vom Himmel kommen.«

Uns Kindern gefiel der Baum, gefiel uns besser wie jeder andere, er war so schön bunt, mit kräftigen Glasfensterfarben.

Danach schickte sie mich zu den anderen in die Rosengasse, wo die Großmutter wohnte, und im Warten wurde uns die Zeit noch sehr lang. Wir klopften an das schwarze Barometer, als ob es den Abend schneller heranbringen könnte, immer wieder schauten wir auf die Uhr. Wir wollten nichts essen außer den Mandarinen, die das Christkind über dem Haus abgeworfen hatte. Zwischenhinein liefen wir auf die Gasse und schauten hinauf, was der Mond droben machte, noch stand er dort wie ein blasses Schemen ohne zu leuchten. Wir mochten nicht zeichnen, nicht mit dem Baukasten baun, nicht mit der Schere ausschneiden, und weil wir gar nicht mehr wußten, was wir mit uns anfangen sollten, stiegen wir unter das Dach in die Kammer hinauf, wo ein junger Schreiner seinen Feierabend machte. Stolz zeigte er uns ein kleines Kästchen, das er für sich selber mit Schmuckholz eingelegt hatte. »Das ist mein Christkindl«, sprach er unverblümt. Wir konnten das gar nicht fassen, daß er sich sein Christkind selber schenken mußte. »Ja«, sagte er, »wer soll mir sonst etwas geben?« und rieb seinen bloßen

Unterarm und die Hände mit einem Spiritus ein, den er dann mit dem Streichholz anzündete. Im Nu war sein Arm von einem ruhigen bläulichen Feuer umflossen, ... er rieb und wusch sich mit blauen Flammen. »In acht Tagen«, sagte er, »habe ich Hände so fein wie ein Schreiber.«

Endlich kam doch die Zeit, wo wir durch den krachenden Schnee heimstapfen durften. Im Badezimmer wechselten wir die Schuhe, es konnte nicht schnell genug gehn. Die Mutter trug einen Faden Silberfall hinten am Rock, den sie damit erklärte, daß das Christkind über sie weggeflogen war, »jetzt ist es drinnen«, sagte sie, »seid nur ganz brav.« Da läutete das Glöcklein auch schon, und wir stürmten über den Gang nach der offenen Wohnzimmertür, die sperrangelweit aufstand, das Glöcklein zitterte noch an seinem Zweig und der Christbaum brannte. Hinter dem Baum stand wahrhaftig ein Fenster offen, wo das Christkind hinausgeflogen war, und die Mutter machte es zu. Sie zog die Vorhänge auf, damit andere, die drunten vorbeigingen, auch ein Weihnachten hatten. Jetzt kam der Vater ganz eilig von drunten aus dem Laden herauf. »Wir singen«, sagte der Vater.

Da war das liebe Rätsel wieder wie jedes Jahr, denn wenn der Vater drunten im Laden war und die Mutter bei uns, wer dann außer dem Christkind hatte den Christbaum angezündet und die Glocke geläutet?

GEORGE TABORI

Ein Weihnachtsschmaus

Es war einmal ein armer Dichter, der hieß George. Er hatte eine gute Frau und sechs liebe Kinder, und sie hungerten alle, weil George nicht nur keinen Erfolg hatte, er war auch gänzlich unbegabt. Seine Geschichten ergaben keinen Sinn, seine Handschrift war unleserlich, und er konnte nicht einmal richtig schreiben. Jahr für Jahr schrieb er seine Geschichten und schickte sie den Verlegern, und sie kamen alle zurück mit einer Ablehnungskarte, die eigens für George entworfen worden war. Darauf stand entweder »Ach, du lieber Gott!« oder »Doch nicht schon wieder!« oder »Warum versuchen Sie es nicht mit Korbflechten?«.

Eines Tages – es war der Tag vor Weihnachten – kam er aus seinem Arbeitszimmer, dem einzigen beheizten Raum im Haus, und strahlte über das ganze Gesicht. »Meine liebe Frau«, sagte er, »meine geliebten Kinder! Seit vielen Jahren können wir uns keine Geschenke leisten, nicht mal einen Weihnachtsbaum. Dieses Jahr jedoch reicht es nicht einmal für ein Weihnachtsessen, aber ich habe eine Geschichte geschrieben, nicht für die

herzlose Welt da draußen, sondern für euch ganz allein, und ich werde sie euch vorlesen.« Es war eine Kurzgeschichte, und sie war so entsetzlich lang, dass er vier Stunden brauchte, um sie vorzulesen, und sie war miserabel. Als er geendet hatte, hing eine Weihnachtsstille über dem Zimmer, außer dem Knurren von sieben leeren Bäuchen, und die Frau sagte: »Gib sie mir.« Und sie nahm die Geschichte mit in die Küche, hackte sie in Stücke, fügte eine Prise Salz und ein paar Körner Reis hinzu, mehr hatte sie nicht in der Speisekammer, und kochte einen Eintopf, und das war ihr Weihnachtsschmaus. Und da es eine lange Kurzgeschichte war, wurden sie alle satt.

Und das kleinste der Kinder, es hieß Natascha, sagte: »Die beste Geschichte, die ich je gegessen habe.«

VINCENT KLINK

Perlen vor die Säue

Der Gasherd wurde angezündet, am langen Arm, mit abgewandtem Gesicht. Noch nicht lange her, da war Mutter eine Stichflamme ins Gesicht gefahren, dass sich für die nächsten Wochen das Wimpernzupfen erübrigte. Der »Granatenschlag« hatte die ebenen Seitenwände des Ofens ausgebuchtet. Seitdem hatte das Gerät keine exakten Abmessungen mehr und wirkte etwas verschoben. Ein Ofen ist eine andere Art von Lebenspartner und deshalb gewöhnungsbedürftig. Hat man seine Launen kennengelernt, will man nichts mehr anders.

Mutters treuster Lebenspartner wurde auf Volldampf geschaltet, Stufe drei. Ein irdener Bräter war fingerhoch mit Wasser gefüllt und mit einigen Zwiebelscheiben versehen worden. Die Gans wurde mit viel Salz und Pfeffer berieben und mitten hineingesetzt. Dann drängte sich Vater dazwischen, mit ritueller Ehrfurcht schob er den »Sarkophag« ins Rohr. An die Gans ließ er nun niemanden mehr ran. Ab und an durfte Mutter, außer der Reihe, das Vieh mit dem ausgetretenen Fett übergießen. Sie war für den Kartoffelsalat zuständig. Dafür wurden nicht die berühmten »Sieglinde« verwendet, etwas mehliger kochende Sorten mussten her. Sie sogen die reduzierte Fleischbrühe, den Essig und das reichliche Öl besser auf. Der extravagante Trick war eine Messerspitze Curry. Kaum zu glauben, aber etwas Curry war unverzichtbar, das verstärkte den Maggigeschmack. Für mich heute noch ein Suchtproblem.

Immer wieder wurde die Gans übergossen. Mutter richtete den Tisch, das Besteck und die Servietten. Der Tisch verfügte über das Innenleben einer Ziehharmonika und konnte auf fünfzehn Meter ausgezogen werden. Ein Brett ums andere wurde eingelegt, bis die Zimmerwände Einhalt geboten. Dreizehn Leute nahmen am Weihnachtsfesttag Platz. Niemand sorgte sich um die Unglückszahl, eher waren Bedenken angebracht, dass die Sechs-Kilo-Gans nur für zwölf reichen könnte. Der Spätzleteig ruhte, von einem rotkarierten Küchentuch behütet, in einer Steingutschüssel und durfte nicht gestört werden. Er verlor dabei die gummiartige Konsistenz und wurde sehr hart, denn Vater wollte die weichen – wie er immer sagte – »nassen Hunde« nicht.

Um halb zwölf klingelten die Altvorderen um

Einlass. Omi hatte sich zur diesjährigen Wintersaison lilasilbrige Löckchen gedreht, schürzte mit geübtem Snobappeal ihren kirschroten Mund und fuchtelte mit dem Lorgnon herum, wenn sie nicht gerade demonstrativ die silberne Zigarettenspitze zur Decke streckte. Sie trat sehr »sophisticated« auf, und in ihren bis zu den Ellenbogen reichenden Seidenhandschuhen war sie für schwäbische Verhältnisse reichlich »aufgedonnert«, wenn nicht gar ein Ärgernis. Opa Emil versäumte als ehemaliger Wehrmachtsoberst nicht, wie beim Appell die Hacken zusammenzuschlagen. Schwabenopa Vinz, Philosoph und überzeugter Pazifist, war schon von der Anwesenheit des Gegenschwiegers peinlich berührt und putzte verlegenheitshalber seine randlose Brille, um dann die Denkerstirn skeptisch nach oben zu ziehen. Er zückte seine Taschenuhr und prüfte gewohnheitsmäßig, ob der Stundenplan stimmte. Insgesamt eine filmreife Introduktion für ein Festessen.

Mutter wuchtete die große Suppenschüssel ins Wohnzimmer. Das Festtagsgeschirr, ein Erbstück von Urgroßmutter, sorgte schon alleine für übertriebene Sonntagslaune. Vater legte in der Küche noch letzte Hand an, es stand viel auf dem Spiel.

Die Neugierde trieb ihn: War der Vogel zart und weich? Alle Gänse schauen gleich aus, sind aber doch völlig unterschiedlich. Die Garzeiten können gut und gern um eine Stunde differieren. Heute war ein Glückstag – die Stricknadel, die Vater wie ein Torero in die Keulen trieb, fand keinen Widerstand und ließ sich ebenso leicht wieder herausziehen. Das Tranchieren war Herrensache. Ein Schlegel wurde gleich abgezweigt und in der »Speis« deponiert. Morgen war auch noch ein Feiertag, für Vater jedenfalls. Nun wurde die berühmte einbeinige Gans des Tierarztes mit einer großen Geflügelschere in die restlichen Teile zerlegt. Meinem älteren Bruder Werner hatte man

erfolgreich eingeredet – er glaubt bis heute daran –, dass der Fettbürzel das Beste sei, er nahm ihn stets als Statussymbol des Erstgeborenen entgegen. Die Erwachsenen würden schöne Stücke bekommen, während meine vier Schwestern und ich uns mit den Flügeln und knusprigen Hautfetzen begnügen mussten. Vater schob alle Teile auf einer großen Platte noch einmal in den Ofen und drehte die Oberhitze voll auf, damit die Hauptattraktion des Abends wirklich heiß auf den Tisch kam.

Dann war plötzlich Alarm. Aus dem Wohnzimmer drang ein Getöse, als wäre die Decke durchgebrochen. Es folgte ein Scheppern, das an einen Autounfall erinnerte. Vater und ich stürzten an den Ort des Lärmens und staunten nicht schlecht. Das Tischtuch lag mitsamt den Tellern auf dem Boden, der Stoff teilweise von der Suppe durchtränkt, einige der Teller zerbrochen. Darunter zappelte und brüllte es. Vater riss geistesgegenwärtig das Tischtuch hoch und befreite so zwei Kobolde, nämlich meine beiden kleinen Schwestern. Sie hatten Gott sei Dank die heiße Suppe nicht abbekommen, dafür mein Bruder, der hüpfte wie bei einem Veitstanz und an seinem Hosenlatz herumzerrte. Die Großeltern hatten sich an der Wand aufgereiht, Omi Hannelorchen stand das Maul offen, als wäre ihr gerade das Jesuskindlein persönlich an die Wäsche gegangen, die andere Oma und die beiden Opas schauten so verwirrt drein, als wäre die Blutzufuhr zum Hirn abgestellt. Mama verharrte ebenfalls wie gelähmt und murmelte leise, ganz ihre edle Herkunft vergessend: »Scheiße, Scheiße, Scheiße!«

Sie nahm wieder Fahrt auf, hechtete ans Fenster und riss es auf, als müsse sie dafür sorgen, dass die bösen Geister dem dampfenden Inferno entfliehen konnten. Daraufhin drehte sie sich in Richtung Chaos und untersuchte kurz die beiden Mädchen, die sich gottlob nicht verbrüht hatten, und nahm sie auf den Arm. Mein Bruder rieb sich immer noch am Spitzle herum. Mutter forderte ihn auf, die Hose runterzulassen. Da war jedoch nur eine kleine Rötung, und Mutter meinte lapidar und weil sie als Nachkriegsmutti wusste, dass man junge Männer zur Härte erziehen sollte: »Bis du Opa bist, tut es nicht mehr weh. Da ist doch gar nichts!«

Werner hatte die frische Luft um seine Beinchen offensichtlich gutgetan, sein Gesicht hellte sich wieder auf, vielleicht auch deshalb, weil Mutter ihm immerhin ein wenig Aufmerksamkeit hatte zukommen lassen. Die Omas und Opas kehrten auch in die Welt zurück, lösten sich von der Wand und begannen, die Scherben aufzusammeln. Papa ließ es sich nicht nehmen, die auf dem Boden herumkullernden Markklößchen hurtig in sich hineinzustopfen; Bruder Werner und ich taten es ihm nach. So wurde gerettet, was noch zu retten war. Die stärkende Wirkung dieser Wunderkugeln trat sofort ein. Vater richtete sich keuchend auf und warf donnernd die Frage in den Raum: »Wie konnte das passieren?«

Meine beiden Schwestern hatten mittlerweile zu brüllen aufgehört, und Mama stellte sie wieder sanft auf den klatschnassen Perserteppich. »Die Schüssel hatte doch schon immer einen Sprung, seit Jahren. Ausgerechnet heute muss sich das altersschwache Utensil zerlegen!«

Der gerade heftig pubertierende Werner konnte sich nicht verkneifen, auch noch seinen Senf dazuzugeben. »Dabei war's endlich mal eine Suppe, die schmeckt.«

Als die Schüssel zerbarst, waren alle sofort aufgesprungen, um sich vor der Suppe in Sicherheit zu bringen; meine kleinen Schwestern hatten dabei das Gleichgewicht verloren und sich im Fallen an der Tischdecke festgehalten. Jedenfalls,

alle beruhigten sich dann doch. Durchs offene Fenster war so viel kalte Luft eingeströmt, dass sich der Dunst verzogen hatte wie der Pulverdampf nach einer Schlacht. Bei allen Beteiligten kam wieder ein geordneter Denkprozess in Gang. Mutter ging zur Anrichte, um ein frisches Tischtuch zu holen. Die älteste Schwester Vera wischte die Bestecke ab und legte sie in Reih und Glied aufs gestärkte Leinen; Papa ging zurück in die Küche.

Von dort brüllte er wie ein Stier, dass das Reiterschlachtbild an der Wohnzimmerwand, immerhin ein Werk des berühmten »le Bourgignon«, heftig am Haken wackelte: »Jetzt leckt mich doch alle am Arsch, verdammt, verdammt!« Mama und ich flitzten in die Küche. Da stand Papa wie ein fast ausgeknockter Boxer und starrte fassungslos auf seine Gänseplatte: Kohlschwarze, verschrumpelte Gänsestückchen gaben sich da ein Stelldichein. Papa murmelte lapidar, wie ein besiegter Feldherr und einzig Überlebender: »Chemisch reiner Kohlenstoff!«

Eine Stunde später: Man hatte sich dann doch noch die Bäuche vollschlagen können, und Papa überwand seine Verwandtenvorbehalte und tauschte mit fataler Geste den dünnen Trollingerwein gegen Château Figeac. Diesen Wein hatte er noch nie mit anderen Leuten geteilt. Er war nämlich Feinschmecker, und wenn auch nicht unbarmherzig, so doch zuvörderst barmherzig zu sich selbst. Viel Soß', Spätzle und Kartoffelsalat, die Eckpfeiler schwäbisch-kulinarischen Verständnisses, waren vertilgt. Die ganze Runde saß mit roten Backen um den Tisch, die Luft war zum Schneiden. Omis Silberlöckchen klebten an ihrer hohen edlen Stirn, die Großväter harmonierten dann doch, mit Zigarren im Maul und schon ziemlich angedudelt. Der Nachmittag war also noch auf einigermaßen verträgliche Gefilde zugesteuert. Opi Emil hatte das Glas leer und schnarrte zu Vater hinüber, ganz wie damals zu Zeiten des Tausendjährigen Reiches: »Fred, mehr Wein, das gleiche Zeugs!« Papa wuchtete sich aus seinem schweren Eichenstuhl hoch und murmelte im Hinausgehen: »Perlen vor die Säue!«

PETER ROSEGGER

Als ich Christtagsfreude holen ging

In meinem zwölften Lebensjahre wird es gewesen sein, als am Frühmorgen des heiligen Christabends mein Vater mich an der Schulter rüttelte: ich solle aufwachen und zur Besinnung kommen, er habe mir etwas zu sagen. Die Augen waren bald offen, aber die Besinnung! Als ich unter der Mithilfe der Mutter angezogen war und bei der Frühsuppe saß, verlor sich die Schlaftrunkenheit allmählich, und nun sprach mein Vater: »Peter, jetzt hör, was ich dir sage. Da nimm einen leeren Sack, denn du wirst was heimtragen. Da nimm meinen Stecken, denn es ist viel Schnee, und da nimm eine Laterne, denn der Pfad ist schlecht, und die Stege sind vereist. Du mußt hinabgehen nach Langenwang. Den Holzhändler Spreitzegger zu Langenwang, den kennst du, der ist mir noch immer das Geld schuldig, zwei Gulden und sechsunddreißig Kreuzer für den Lärchenbaum. Ich laß ihn bitten drum; schön höflich anklopfen und den Hut abnehmen, wenn du in sein Zimmer trittst. Mit dem Geld gehst nachher zum Kaufmann Doppelreiter und kaufst zwei Maßel Semmelmehl und zwei Pfund Rindsschmalz und um zwei Groschen Salz, und das tragst heim.«

Jetzt war aber auch meine Mutter zugegen, ebenfalls schon angekleidet, während meine sechs jüngeren Geschwister noch ringsum an der Wand in ihren Bettchen schliefen. Die Mutter, die redete drein wie folgt: »Mit Mehl und Schmalz und Salz allein kann ich kein Christtagsessen richten. Ich brauch dazu noch Germ (Hefe) um einen Groschen, Weinbeerln um fünf Kreuzer, Zucker um fünf Groschen, Safran um zwei Groschen und Neugewürz um zwei Kreuzer. Etliche Semmeln werden auch müssen sein.«

»So kaufst es«, setzte der Vater ruhig bei. »Und wenn dir das Geld zuwenig wird, so bittest den Herrn Doppelreiter, er möcht die Sachen derweil borgen, und zu Ostern, wenn die Kohlenraitung (Verrechnung für Holzkohle) ist, wollt ich schon fleißig zahlen. Eine Semmel kannst unterwegs selber essen, weil du vor Abend nicht heimkommst. Und jetzt kannst gehen, es wird schon fünf Uhr, und daß du noch die Achter-Meß erlangst zu Langenwang.«

Das war alles gut und recht. Den Sack band mir mein Vater um die Mitte, den Stecken nahm ich in die rechte Hand, die Laterne mit der frischen Unschlittkerze in die linke, und so ging ich davon, wie ich zu jener Zeit in Wintertagen oft davongegangen war. Der durch wenige Fußgeher ausgetretene Pfad war holperig im tiefen Schnee, und es ist nicht immer leicht, nach den Fußstapfen unserer Vorderen zu wandeln, wenn diese zu lange Beine gehabt haben. Noch nicht dreihundert Schritt war ich gegangen, so lag ich im Schnee, und die Laterne, hingeschleudert, war ausgelöscht. Ich suchte mich langsam zusammen, und dann schaute ich die wunderschöne Nacht

an. Anfangs war sie ganz grausam finster, allmählich hub der Schnee an, weiß zu werden und die Bäume schwarz, und in der Höhe war helles Sternengefunkel. In den Schnee fallen kann man auch ohne Laterne, so stellte ich sie seithin unter einen Strauch, und ohne Licht ging's nun besser als vorhin.

In die Talschlucht kam ich hinab, das Wasser des Fresenbaches war eingedeckt mit glattem Eis, auf welchem, als ich über den Steg ging, die Sterne des Himmels gleichsam Schlittschuh liefen. Später war ein Berg zu übersteigen; auf dem Paß, genannt der »Höllkogel«, stieß ich zur weg-

samen Bezirksstraße, die durch Wald und Wald hinabführt in das Mürztal. In diesem lag ein weites Meer von Nebel, in welches ich sachte hineinkam, und die feuchte Luft fing an, einen Geruch zu haben, sie roch nach Steinkohlen; und die Luft fing an, fernen Lärm an mein Ohr zu tragen, denn im Tal hämmerten die Eisenwerke, rollte manchmal ein Eisenbahnzug über dröhnende Brücken.

Nach langer Wanderung ins Tal gekommen zur Landstraße, klingelte Schlittengeschelle, der Nebel ward grau und lichter, so daß ich die Fuhrwerke und Wandersleute, die für die Feiertage nach ihren Heimstätten reisten, schon auf kleine Strecken weit sehen konnte. Nachdem ich eine Stunde lang im Tal fortgegangen war, tauchte links an der Straße im Nebel ein dunkler Fleck auf, rechts auch einer, links mehrere, rechts eine ganze Reihe – das Dorf Langenwang.

Alles, was Zeit hatte, ging der Kirche zu, denn der Heilige Abend ist voller Vorahnung und Gottesweihe. Bevor noch die Messe anfing, schritt der hagere, gebückte Schulmeister durch die Kirche, musterte die Andächtigen, als ob er jemanden suche. Endlich trat er an mich heran und fragte leise, ob ich ihm nicht die Orgel »melken« wolle, es sei der Mesnerbub krank. Voll Stolz und Freude, also zum Dienste des Herrn gewürdigt zu sein, ging ich mit ihm auf den Chor, um bei der heiligen Messe den Blasebalg der Orgel zu ziehen. Während ich die zwei langen Lederriemen abwechselnd aus dem Kasten zog, in welchen jeder derselben allemal wieder langsam hineinkroch, orgelte der Schulmeister, und seine Tochter sang:

»Tauet, Himmel, den Gerechten,
Wolken, regnet ihn herab!
Also rief in bangen Nächten
einst die Welt, ein weites Grab.
In von Gott verhaßten Gründen
herrschten Satan, Tod und Sünden,
fest verschlossen war das Tor
zu dem Himmelreich empor.«

Ferner erinnere ich mich, an jenem Morgen nach dem Gottesdienst in der dämmerigen Kirche vor ein Heiligenbild hingekniet zu sein und gebetet zu haben um Glück und Segen zur Erfüllung meiner bevorstehenden Aufgabe. Das Bild stellte die Vierzehn Nothelfer dar – einer wird doch dabeisein, der zur Eintreibung von Schulden behilflich ist. Es schien mir aber, als schiebe während meines Gebetes auf dem Bilde einer sich sachte hinter den andern zurück.

Trotzdem ging ich guten Mutes hinaus in den nebeligen Tag, wo alles emsig war in der Vorbereitung zum Fest, und ging dem Hause des Holzhändlers Spreitzegger zu. Als ich daran war, zur vorderen Tür hineinzugehen, wollte der alte Spreitzegger, soviel ich mir später reimte, durch die hintere Tür entwischen. Es wäre ihm gelungen, wenn mir nicht im Augenblick geschwant hätte: Peter, geh nicht zur vorderen Tür ins Haus wie ein Herr, sei demütig, geh zur hinteren Tür hinein, wie es dem Waldbauernbub geziemt. Und knapp an der hinteren Tür trafen wir uns.

»Ah, Bübel, du willst dich wärmen gehen«, sagte er mit geschmeidiger Stimme und deutete ins Haus, »na, geh dich nur wärmen. Ist kalt heut!« Und wollte davon.

»Mir ist nicht kalt«, antwortete ich, »aber mein Vater läßt den Spreitzegger schön grüßen und bitten ums Geld.«

»Ums Geld? Wieso?« fragte er. »Ja richtig, du bist der Waldbauernbub. Bist früh aufgestanden heut, wenn du schon den weiten Weg kommst. Rast nur ab. Und ich laß deinen Vater auch schön grüßen und glückliche Feiertage wünschen; ich komm ohnehin ehzeit einmal zu euch hinauf, nachher wollen wir schon gleich werden.«

Fast verschlug es mir die Rede, stand doch unser ganzes Weihnachtsmahl in Gefahr vor solchem Bescheid.

»Bitt wohl von Herzen schön ums Geld, muß Mehl kaufen und Schmalz und Salz, und ich darf nicht heimkommen mit leerem Sack.«

Er schaute mich starr an. »Du *kannst* es!« brummte er, zerrte mit zäher Gebärde seine große, rote Brieftasche hervor, zupfte in den Papieren, die wahrscheinlich nicht pure Banknoten waren, zog einen Gulden heraus und sagte: »Na, so nimm derweil das, in vierzehn Tagen wird dein Vater den Rest schon kriegen. Heut hab ich nicht mehr.«

Den Gulden schob er mir in die Hand, ging davon und ließ mich stehen.

Ich blieb aber nicht stehen, sondern ging zum Kaufmann Doppelreiter. Dort begehrte ich ruhig und gemessen, als ob nichts wäre, zwei Maßel Semmelmehl, zwei Pfund Rindsschmalz, um zwei Groschen Salz, um einen Groschen Germ, um fünf Kreuzer Weinbeerln, um fünf Groschen Zucker, um zwei Groschen Safran und um zwei Kreuzer Neugewürz. Der Herr Doppelreiter bediente mich selbst und machte mir alles hübsch zurecht in Päckchen und Tütchen, die er dann mit Spagat zusammen in ein einziges Paket band und so an den Mehlsack hängte, daß ich das Ding über der Achsel tragen konnte, vorn ein Bündel und hinten ein Bündel. Als das geschehen war, fragte ich mit einer nicht minder tückischen Ruhe als vorhin, was das alles zusammen ausmache.

»Das macht drei Gulden fünfzehn Kreuzer«, antwortete er mit Kreide und Mund.

»Ja, ist schon recht«, hierauf ich, »da ist derweil ein Gulden, und das andere wird mein Vater, der Waldbauer in Alpl, zu Ostern zahlen.«

Schaute mich der bedauernswerte Mann und fragte höchst ungleich: »Zu Ostern? In welchem Jahr?«

»Na, nächste Ostern, wenn die Kohlenraitung ist.«

Nun mischte sich die Frau Doppelreiterin, die andere Kunden bediente, drein und sagte: »Laß ihm's nur, Mann, der Waldbauer hat schon öfters auf Borg genommen und nachher allemal ordentlich bezahlt. Laß ihm's nur.«

»Ich laß ihm's ja, werd ihm's nicht wieder wegnehmen«, antwortete der Doppelreiter. Das war doch ein bequemer Kaufmann! Jetzt fielen mir auch die Semmeln ein, welche meine Mutter noch bestellt hatte.

»Kann man da nicht auch fünf Semmeln haben?« fragte ich.

»Semmeln kriegt man beim Bäcker«, sagte der Kaufmann.

Das wußte ich nun gleichwohl, nur hatte ich mein Lebtag nichts davon gehört, daß man ein paar Semmeln auf Borg nimmt, daher vertraute ich der Kaufmännin, die sofort als Gönnerin zu betrachten war, meine vollständige Zahlungsunfähigkeit an. Sie gab mir zwei bare Groschen für Semmeln, und als sie nun noch beobachtete, wie meine Augen mit den reiffeuchten Wimpern fast unlösbar an den gedörrten Zwetschken hingen, die sie einer alten Frau in den Korb tat, reichte sie mir auch noch eine Handvoll dieser köstlichen Sache zu: »Unterwegs zum Naschen.«

Nicht lange hernach, und ich trabte, mit meinen Gütern reich und schwer bepackt, durch die breite Dorfgasse dahin. Überall in den Häusern wurde gemetzgert, gebacken, gebraten, gekellert; ich beneidete die Leute nicht; ich bedauerte sie vielmehr, daß sie nicht ich waren, der, mit so großem Segen beladen, gen Alpl zog. Das wird morgen ein Christtag werden! Denn die Mutter kann's, wenn sie die Sachen hat. Ein Schwein ist ja auch geschlachtet worden daheim, das gibt Fleischbrühe mit Semmelbrocken, Speckfleck, Würste, Nieren-Lümperln, Knödelfleisch mit Kren, dann erst die Krapfen, die Zuckernudeln, das Schmalzkoch mit Weinbeerln und Safran! – Die Herrenleut da in Langenwang haben so was alle Tag, das ist nichts, aber wir haben es im Jahr einmal und kommen mit unverdorbenem Magen dazu, *das* ist was! – Und doch dachte ich auf diesem belasteten Freudenmarsch weniger noch ans Essen als an das liebe Christkind und sein hochheiliges Fest. Am Abend, wenn ich nach Hause komme, werde ich aus der Bibel davon vorlesen, die Mutter und die Magd Mirzel werden Weihnachtslieder singen; dann, wenn es zehn Uhr wird, werden wir uns aufmachen nach Sankt Kathrein und in der Kirche die feierliche Christmette begehen bei Glock', Musik und unzähligen Lichtern. Und am Seitenaltar ist das Krippel aufgerichtet mit Ochs und Esel und den Hirten, und auf dem Berg die Stadt Bethlehem und darüber die Engel, singend: Ehre sei Gott in der Höhe! – Diese Gedanken trugen mich anfangs wie Flügel. Doch als ich eine Weile die schlittenglatte Landstraße dahingegangen war, unter den Füßen knirschenden Schnee, mußte ich mein Doppelbündel schon einmal wechseln von einer Achsel auf die andere.

In der Nähe des Wirtshauses »Zum Sprengzaun« kam mir etwas Vierspänniges entgegen. Ein leichtes Schlittlein, mit vier feurigen, hochaufgefederten Rappen bespannt, auf dem Bock ein Kutscher mit glänzenden Knöpfen und einem Buttenhut. Der Kaiser? Nein, der Herr Wachtler vom Schlosse Hohenwang saß im Schlitten, über und über in Pelze gehüllt und eine Zigarre schmauchend. Ich blieb stehen, schaute dem blitzschnell vorüberrutschenden Zeug eine Weile nach und dachte: Etwas krumm ist es doch eingerichtet auf dieser Welt: da sitzt ein starker Mann drin und läßt sich hinziehen mit so viel überschüssiger Kraft, und ich vermag mein Bündel kaum zu schleppen.

Mittlerweile war es Mittagszeit geworden. Durch den Nebel war die milchweiße Scheibe der Sonne zu sehen; sie war nicht hoch am Himmel hinaufgestiegen, denn um vier Uhr wollte sie ja wieder unten sein, zur langen Christnacht. Ich fühlte in den Beinen manchmal so ein heißes Prickeln, das bis in die Brust hinaufstieg, es zitterten mir die Glieder. Nicht weit von der Stelle, wo der Weg nach Alpl abzweigt, stand ein Kreuz mit dem lebensgroßen Bilde des Heilands. Es stand, wie es heute noch steht, an seinem Fuß

Johannes und Magdalena, das Ganze mit einem Bretterverschlag verwahrt, so daß es wie eine Kapelle war. Vor dem Kreuz auf die Bank, die für kniende Beter bestimmt ist, setzte ich mich nieder, um Mittag zu halten. Eine Semmel, die gehörte mir, meine Neigung zu ihr war so groß, daß ich sie am liebsten in wenigen Bissen verschluckt hätte. Allein das schnelle Schlucken ist nicht gesund, das wußte ich von anderen Leuten, und das langsame Essen macht einen längeren Genuß, das wußte ich schon von mir selber. Also beschloß ich, die Semmel recht gemächlich und bedächtig zu genießen und dazwischen manchmal eine gedörrte Zwetschke zu naschen.

Es war eine sehr köstliche Mahlzeit; wenn ich

heute etwas recht Gutes haben will, das kostet außerordentliche Anstrengungen aller Art; ach, wenn man nie und nie einen Mangel zu leiden hat, wie wird man da arm.

Und wie war ich so reich damals, als ich arm war!

Als ich nach der Mahlzeit mein Doppelbündel wieder auflud, war's ein Spaß mit ihm, flink ging es voran. Als ich später in die Bergwälder hinaufkam und der graue Nebel dicht in den schneebeschwerten Bäumen hing, dachte ich an den Grabler-Hansel. Das war ein Kohlenführer, der täglich von Alpl seine Fuhre ins Mürztal lieferte. Wenn er auch heute gefahren wäre! Und wenn er jetzt heimwärts mit dem leeren Schlitten des Weges käme und mir das Bündel auflüde! Und am Ende gar mich selber! Daß es so heiß sein kann im Winter! Mitten in Schnee und Eisschollen schwitzen! Doch morgen wird alle Mühsal vergessen sein. – Derlei Gedanken und Vorstellungen verkürzten mir unterwegs die Zeit.

Auf einmal roch ich starken Tabakrauch. Knapp hinter mir ging, ganz leise auftretend, der grüne Kilian. Der Kilian war früher einige Zeit lang Forstgehilfe in den gewerkschaftlichen Wäldern gewesen, jetzt war er's nicht mehr, wohnte mit seiner Familie in einer Hütte drüben in der Fischbacher Gegend, man wußte nicht recht, was er trieb. Nun ging er nach Hause. Er hatte einen Korb auf dem Rücken, an dem er nicht schwer zu tragen schien, sein Gewand war noch ein jägermäßiges, aber hübsch abgetragen, und sein schwarzer Vollbart ließ nicht viel sehen von seinem etwas fahlen Gesicht. Als ich ihn bemerkt hatte, nahm er die Pfeife aus dem Mund, lachte laut und sagte: »Wo schiebst denn hin, Bub?«

»Heimzu«, meine Antwort.

»Was schleppst denn?«

»Sachen für den Christtag.«

»Gute Sachen? Der Tausend sapperment! Wem gehörst denn zu?«

»Dem Waldbauer.«

»Zum Waldbauer willst gar hinauf? Da mußt gut antauchen.«

»Tu's schon«, sagte ich und tauchte an.

»Nach einem solchen Marsch wirst gut schlafen bei der Nacht«, versetzte der Kilian, mit mir gleichen Schritt haltend.

»Heut wird nicht geschlafen bei der Nacht, heut ist Christnacht.«

»Was willst denn sonst tun, als schlafen bei der Nacht?«

»Nach Kathrein in die Metten gehen.«

»Nach Kathrein?« fragte er, »den weiten Weg?«

»Um zehn Uhr abends gehen wir vom Haus fort, und um drei Uhr früh sind wir wieder daheim.«

Der Kilian biß in sein Pfeifenrohr und sagte: »Na, hörst du, da gehört viel Christentum dazu. Beim Tag ins Mürztal und bei der Nacht in die Metten nach Kathrein! So viel Christentum hab ich nicht, aber das sage ich dir doch: Wenn du dein Bündel in meinen Buckelkorb tun willst, daß ich es dir eine Zeitlang trage und du dich ausrasten kannst, so hast ganz recht, warum soll der alte Esel nicht auch einmal tragen!«

Damit war ich einverstanden, und während mein Bündel in seinen Korb sank, dachte ich: Der grüne Kilian ist halt doch ein besserer Mensch, als man sagt.

Dann rückten wir wieder an, ich huschte frei und leicht neben ihm her.

»Ja, ja, die Weihnachten!« sagte der Kilian fauchend, »da geht's halt drunter und drüber. Da reden sich die Leut in eine Aufregung und Frömmigkeit hinein, die gar nicht wahr ist. Im Grund ist der Christtag wie jeder andere Tag, nicht einen Knopf anders. Der Reiche, ja, der hat jeden

Tag Christtag, unsereiner hat jeden Tag Karfreitag.«

»Der Karfreitag ist auch schön«, war meine Meinung.

»Ja, wer genug Fisch und Butter und Eier und Kuchen und Krapfen hat zum Fasten!« lachte der Kilian.

Mir kam sein Reden etwas heidentümlich vor. Doch was er noch weiteres sagte, das verstand ich nicht mehr, denn er hatte angefangen, sehr heftig zu gehen, und ich konnte nicht recht nachkommen. Ich rutschte auf dem glitschigen Schnee mit jedem Schritt ein Stück zurück, der Kilian hatte Fußeisen angeschnallt, hatte lange Beine, war nicht abgemattet – da ging's freilich voran.

»Herr Kilian!« rief ich.

Er hörte es nicht. Der Abstand zwischen uns wurde immer größer, bei Wegbiegungen entschwand er mir manchmal ganz aus den Augen, um nachher wieder in größerer Entfernung, halb schon von Nebeldämmerung verhüllt, aufzutauchen. Jetzt wurde mir bang um mein Bündel. Kamen wir ja doch schon dem Höllkogel nahe. Das ist jene Stelle, wo der Weg nach Alpl und der Weg nach Fischbach sich gabeln. Ich hub an zu laufen; im Angesichte der Gefahr war alle Müdigkeit dahin, ich lief wie ein Hündlein und kam ihm näher. Was wollte ich aber anfangen, wenn ich ihn eingeholt hätte, wenn ihm der Wille fehlte, die Sachen herzugeben, und mir die Kraft, sie zu nehmen? Das kann ein schönes Ende werden mit diesem Tag, denn die Sachen lasse ich nicht im Stich, und sollte ich ihm nachlaufen müssen bis hinter den Fischbacher Wald zu seiner Hütte!

Als wir denn beide so merkwürdig schnell vorwärtskamen, holten wir ein Schlittengespann ein, das vor uns mit zwei grauen Ochsen und einem schwarzen Kohlenführer langsam des Weges schliff. Der Grabler-Hansel! Mein grüner Kilian wollte schon an dem Gespann vorüberhuschen, da schrie ich von hinten her aus Leibeskräften: »Hansel! Hansel! Sei so gut, leg mir meine Christtagsachen auf den Schlitten, der Kilian hat sie im Korb, und er soll sie dir geben!«

Mein Geschrei muß wohl sehr angstvoll gewesen sein, denn der Hansel sprang sofort von seinem Schlitten und nahm eine tatbereite Haltung ein. Und wie der Kilian merkte, ich hätte hier einen Bundesgenossen, riß er sich den Korb vom Rücken und schleuderte das Bündel auf den Schlitten. Er knirschte noch etwas von »dummen

Bären« und »Undankbarkeit«, dann war er auch schon davon.

Der Hansel rückte das Bündel zurecht und fragte, ob man sich draufsetzen dürfe. Das, bat ich, nicht zu tun.

So tat er's auch nicht, wir setzten uns hübsch nebeneinander auf den Schlitten, und ich hielt auf dem Schoß sorgfältig mit beiden Händen die Sachen für den Christtag. So kamen wir endlich nach Alpl. Als wir zur ersten Fresenbrücke gekommen waren, sagte der Hansel zu den Ochsen: »Oha!« und zu mir: »So!« Die Ochsen verstanden und blieben stehen, ich verstand nicht und blieb sitzen.

Aber nicht mehr lange, es war ja zum Aussteigen, denn der Hansel mußte links in den Graben hinein und ich rechts den Berg hinauf.

»Dank dir's Gott, Hansel!«

»Ist schon gut, Peterl.«

Zur Zeit, da ich mit meiner Last den steilen Berg hinanstieg gegen mein Vaterhaus, begann es zu dämmern und zu schneien. Und zuletzt war ich doch daheim.

»Hast alles?« fragte die Mutter am Kochherd mir entgegen.

»Alles!«

»Brav bist. Und hungrig wirst sein.«

Beides ließ ich gelten. Sogleich zog die Mutter mir die klingendhart gefrorenen Schuhe von den Füßen, denn ich wollte, daß sie frisch eingefettet würden für den nächtlichen Mettengang. Dann setzte ich mich in der warmen Stube zum Essen.

Aber siehe, während des Essens geht es zu Ende mit meiner Erinnerung. – Als ich wieder zu mir kam, lag ich wohlausgeschlafen in meinem warmen Bett, und zum kleinen Fenster herein schien die Morgensonne des Christtages.

TEXTNACHWEISE

Marieluise Fleißer, »Kinderland«, S. 54, aus: *Gesammelte Werke*. Bd. 4: Aus dem Nachlass, hg. v. Günther Rühle in Zusammenarbeit mit Eva Pfister, Suhrkamp Verlag Frankfurt am Main 1989

Vincent Klink, »Perlen vor die Säue«, S. 74, aus: *Lasst uns roh und garstig sein. Die schönsten Weihnachtskatastrophen*, hg. v. Dietmar Bittrich, © Rowohlt Verlag Reinbek 2011

Peter Rosegger, »Als ich Christtagsfreude holen ging«, S. 84, aus: *Waldheimat. Erzählungen aus der Jugendzeit*, L. Staackmann Verlag München 1920

Theodor Storm, »Unter dem Tannenbaum«, S. 7, aus: *Sämtliche Werke*, hg. v. Albert Köster, Insel Verlag Leipzig 1924

George Tabori, »Ein Weihnachtsschmaus«, S. 71, aus: Betrachtungen über das Feigenblatt. Handbuch für Verliebte und Verrückte, übersetzt von Ursula Grützmacher-Tabori, © Carl Hanser Verlag München/Wien 1991

INHALT

Erste Auflage dieser Ausgabe Insel Verlag Berlin 2024.

Bezugspapier: Selda Marlin Soganci. Gesetzt in der Schrift Centennial. Gedruckt auf holzfreies, alterungsbeständiges Werkdruckpapier der Firma Cordier, Bad Dürkheim, von der Memminger MedienCentrum AG. Gebunden in Fadenheftung von der Conzella Verlagsbuchbinderei GmbH & Co KG, Aschheim-Dornach. Dieses Buch wurde klimaneutral produziert: climatepartner.com/14438-2110-1001. Printed in Germany. ISBN 978-3-458-64468-2. www.insel-verlag.de